猴 面 包 树

Identifier

Helen Monnet

Dans le couple, en famille et au travail

et maîtriser les

识别和掌握
有毒关系

relations

〔法〕海伦·莫内　著　　祝华　译

toxiques

上海三联书店

目 录

前言

开宗明义!

首先，请注意，"有毒的（toxique）"一词最初适用于"对机体有害的物质"。这个词的用法最近才被扩展到关系领域，而我们不确定这种扩展是不是最恰当的。在心理学中，我们更喜欢用"致病的（pathogène）"一词，它的字面意思是"引起一种疼痛的"。

其实从理论上说，一个人是不可能"有毒的"。但是根据所处的生活状况，任何人都有可能在某一天、某一种特定的背景下建立起对自己或对他人不健康的关系。换言之，任何人都不具有"毒性基因"或这方面的先天特征。我们太了解那些通过歪曲词语本义将某些人妖魔化，使其变成替罪羊的行为所带来的恶劣影响了。不过这丝毫不会免除这个人应为自己的行为举止所承担的责任。

"有毒的"是关系，不是人

一段关系至少要牵涉两个人。有时，被人们称为"有毒"之人的"受害者"，在这段关系中也负有一部分责任——毕竟开始或继续这段关系是他[1]的决定，即使这责任微不足道。

1　为使行文流畅，文中在不区分男女的情况下通用"他"来指代两性。——译者注

不要忘记，关系"毒性"的问题在"恶"的存在这个纯哲学问题的范畴内，本书并不奢望揭示其中的奥秘，只是呼吁每个人提高警觉性，而不是抱着一些通常具有破坏性的令人不快的假设。本书的作者谨希望在您应对一段真正有毒的关系时，为您提供几个认清它的工具及一些恰当的建议。

人们常常无意识地将自己的痛苦转嫁给他人

我们并非要为那些应为一段有害关系负责的人正名，但我们有必要了解，他们的行为方式源于他们在受教育过程中，或在我们可能视为麻烦的一些处境中养成的一种性格。他们的长辈通常是这种习性的直接源头，而且这种习性在不同情况下的严重程度不同。

例如，在企业中，那些实施了某种形式的精神骚扰的人会不自觉地认为自己"有理"，因为他们没有意识到自己对他人施加了一种极权压力。这是由于他们的家族文化就是如此，而且他们在某一类型的管理中象征性地找回了这种家族文化。需要强调的是，他们中的许多人小时候遭受过精神虐待，这种虐待往往是以扭曲的家庭价值观的名义和一种极其有害的形式实施的。

　　"恶念"——宗教用语——不一定是它的本义所指的那种有意识的行为，而是因为心理感受没有其他宣泄方式而发生的一个重复的过程。

　　可以说主体在被迫重复某种他无法避免的行为时，会完全无视他人的痛苦感受。

　　一个以自我为中心的"泡泡"随着时间的推移逐渐形成，它可能很厚。只有称职的心理治疗师——但不能是说教者——才能刺破这个泡泡，但前提是这个当事人愿意成为他的患者。

　　然而，现实远非如此，许多悲剧原本可以通过一次恰当的分析治疗而避免。另外，我们不应该仅停留在分析层面，有必要研究情感层面，从而使患者能够摆脱一些复杂的或固有的状况。

　　重申一次，我们不是要原谅这些人的行为，也绝不是要居高临下地看待他们，而是要将他们的有害行为放在一个更广阔的背景中，以破译使他们变成这样的家庭和社会因素。因为只有让这些因素浮出水面，我们才有可能找到真正的解决方法，避免重蹈覆辙。

　　因此，我们看到，因恐惧作出一些辛辣的评判，完全不能解决任何问题，倒不如持有一种不偏不倚的态度。在最危险的情况下，则需要急中生智。

对于违心地陷入一段有毒的关系中的人们，我们给出的第一个建议是平心静气。这是能更清醒地面对自己和他人的一个好办法。

如何定义一段有毒的关系？

如上所述，我们不可能根据一些公认的科学标准来完美地定义有毒的关系。这是因为存在一种不可忽视的风险，即我们作出的评价可能带有主观色彩。为了得到一个完美的定义，我们需要观察者掌握一份关于"美德"的合法且详尽的清单，而且这名观察者本人必须在道德方面无可指摘。因此，不如一笑了之吧。

然而，在当事人之间存在哪些关系"毒性"（状况、典型行为）的先兆这个问题上，大家更容易达成共识，但是这与当事人的个性无关。这些先兆中最具代表性的可能要数交流中表现出的不平衡了。

初步结论

在关系"毒性"方面，我们可以引用一句流行的谚语——"治病不如防病"，但前提是要搜集到一定数量准确且一致的要素，以便进行深入的研究。这正是本书想要达到的目的。

注意：以下几种有毒的关系不属于本书的研究范围。

◉ 与心理病理学相关且需要接受精神病学跟踪治疗，尤其是需要住院治疗的关系；

◉ 违法的并应受到法律制裁的关系（包含身体、性暴力）。

我们将主要阐述精神虐待中最常见且被错误低估的那些方面。

如何识别

有毒的关系？

要想确定我们是否真的面对一段有毒的关系，就需要考虑某些标准。首先要确定的是关系的现状，而不是——如我们在前言中所解释的——组成这段关系的个体，即X与您。

本书关注的不是关系属性的类别（亲子关系、朋友关系、情侣关系、职场关系……）。

如果您对您与X的关系性质有疑问——您从直觉上感受到这段关系使您不安或不舒服，那么以下是几个需要测试的方面。请您尽可能诚实地进行测试。

主要标准和"警戒线"

第一个建议：千万不要在您与X约会之前进行这个测试，因为它有可能给您造成某种心理压力，从而使测试结果出错。最好在事后测试，比如你们见面后的第二天。

首先，深呼吸几分钟，闭上眼睛，想象X的脸，但不要太具体（不要想他前一天在饭店里对您露出的微笑）。如果您仍然感觉有点兴奋，可以放一段舒缓的音乐，使自己放松下来。

仔细地回想以下几项（必须按照以下顺序进行）

▶ 关系能量：从激发出您的某种心理能量的情感冲动的角度整体考虑这段关系。这种能量的强度如何？在回想这段关系的各个标志性构成事件（第一次见面、关系发展、最后一次见面）之后，试着找到一个合适的词语。

得出结论：整体而言，这种能量是使您厌倦还是激发了您的热情？

▶ 感情色彩：您现在体验到一种与这段关系的状态相关的特殊感情（要与您可能对X怀有的感情区别开）。

在一张从鼠灰色到太阳黄色的色卡上，您会本能地将这段关系归为什么颜色？

▶ 身体距离：与对方接触时（简短问候或是自发地互相拥抱，在对方需要安慰时做个谨慎的手势或是友好地拍一拍他，等等），您有什么感觉？

这个距离是否随着时间的推移发生了变化？如果是，它是朝着哪个方向变化的？

▶ 见面频率：你们是每天、每周，还是每月见一次面？不考虑距离远近（互发电子邮件或手机短信不算）。这个频率是否随着时间推移发生了变化？如果是，它是怎样变化的？

▶ 真正共享的价值观：列举至少三件您特别关心的事，这些事是在有X相伴的情况下发生的，而且他的确赞同您做的事（例如，你们在同一家慈善协会做志愿者）。

▶ 高峰和低谷：任何关系都会经历一些不可避免的波折，有时是悲观失望，有时是欣喜若狂。画出您与X亲密程度的变化曲线。它更倾向于以下哪种形状？

◉ 俄罗斯连绵起伏的高山（失和与和解交替出现）。

◉ 死气沉沉的平原（在你们共同做一些事情时，或者在你们无法真正沟通时，您时常感到厌烦）。

◉ 平静的大海（你们经常一起经历、单独度过，还是与其他人分享美好的时刻）。

客观地研究过以上各项之后，您应该能得到关于您和X的关系是否有毒的一个初步判断，尤其是当您对其中几项无法做出明确的评估时（超过三项）。

实际上，无法明确评估这几项是您需要考虑的一个重要因素。精神上的困惑通常指向一种毒性，我们可以称之为"警戒线"。我们会在后面详细说明。

当矛盾情感介入时

我们对他人有一种矛盾的情感。事实上，从我们还是婴儿的时候开始，我们就感受到对母亲必不可少的需求。正如儿童精神病学家唐纳德·温尼科特 (Donald Winnicott) 所说，如果可能，我们需要一位"足够好的母亲"。从此之后，我们与他人的关系都受到这种最初的与母亲关系的影响。

最初的关系

正如匈牙利籍精神病学家兼精神分析学家米歇尔·巴林特 (Michael Balint) 所观察到的，在很小的时候，一些孩子大口地吮吸母亲的乳汁并赖在母亲的怀里，而另一些孩子则一喝饱了就放开母亲的乳房，回到摇篮里睡觉。

几个月后，前一种孩子倾向于待在母亲的臂弯里，后一种孩子则更喜欢艰难地爬到离她较远的地方。逐渐地，前一种孩子开始在母亲不在身边时抱怨，不再将她理想化，后一种孩子则意识到他们无法什么事都自己做，并且在母亲离开身边太久时感到惊慌失措。

作为成年人，我们需要他人，因为我们是互相依存的。

但是，我们也希望尽可能地独立自主，从而获得一种自我担当的自豪感。

找到需求与自主之间的适当平衡

智慧地从需求过渡到自主并非易事，反之亦然。尤其是当我们发现自己陷入情感关系中时，往往会出现一些不受我们支配的强大的心理机制。

不要忘记，亚里士多德的"或"的逻辑在人类关系中很少应用。事实上，我们同时想要一个事物"和"它的反面，或者更准确地说是我们眼中它的补充。我们永远都在追求一个"失去的天堂"（理论上说就是母亲的子宫），为的是感受到一种和谐的完整性。

因此，在各种可能的情况下，当发现自己面对一种有毒的关系时，我们应提高警惕。由于个人的经历不同，我们掌控或克服这种矛盾心理的能力也是不同的。当我们想要结束一段关系时，必须要清楚地了解我们的优先需求和我们对最低限度的自主性的真实态度。

以下是几个需要向自己提出的问题：

▶ 我与X的关系是否比自己内心平静更重要？

▶ 我与X的关系是否使我无法满足自己的某些基本

需求？

▶ 如果与X分开，我是否真的能舍弃他的某些优点？

▶ 如果远离X，我是否能忍受自身的一部分不再得到满足？

拯救者—受害者—迫害者的三角关系

这个三角模型是一种所谓的"心理游戏"，每个人都可能不自觉地进入这个游戏。稍不留神，它就会使您建立并维持一段有毒的关系。

这是借助"交往分析"——美国医生兼精神病学家艾瑞克·伯恩 (Éric Berne) 于20世纪60年代建立的人格与沟通理论——确定的一个进程。它假设存在几种"自我状态"——我们的心理活动中或多或少无意识的一些部分，在我们建立一段关系时介入其中。每种状态——"父母自我状态""成人自我状态""儿童自我状态"——都有各自建设性或者破坏性的极端。

父母自我状态
养育型父母
像母亲一样，养育型父母可能是积极的，也可能是消极的。

积极的养育型父母鼓励、许可和肯定他人。

消极的养育型父母给予他人不恰当的东西，总是想拯救他人，不愿授权。

规范型父母

行事风格像父亲。

积极的规范型父母给予他人更多保护，懂得说"不"，防止他人犯错。

消极的规范型父母过分控制他人，不信任他人，有时不分青红皂白地归罪于他人。

成人自我状态

成人对自己负责，并懂得如何做出选择。

积极的成人自我是客观的，会考虑现实情况，可以成为一个调解者。

消极的成人自我受到父母自我或儿童自我的影响：它本身并不真正存在，或者正相反，它无视另外两种自我状态的存在。

儿童自我状态

自由或自发型儿童

自由或自发型儿童活泼、快乐，适应能力强。他们真实且有创造力，能及时回应他人，并懂得在必要的时候表明自己的不同意见。

适应或顺从型儿童

适应或顺从型儿童是一个"应声虫"，时常受人欺负并且经常抱怨。

叛逆或反抗型儿童

叛逆或反抗型儿童总是拒绝他人，时常用不恰当的语言，直言不讳地抨击他人。

为了更好地理解一段有毒的关系是怎样产生的，我们举一个具体的例子：克里斯蒂亚娜，62岁，是一家慈善协会的志愿者，负责照顾老年人，其中一位老人名叫若尔热特，是一个86岁的寡妇，无儿无女。

案例

通往地狱的路通常是由善意铺就的

克里斯蒂亚娜已经照顾若尔热特好几个月了：她每周都来，带老人例行进行两个小时的散步。当初，若尔热特满怀热情地与协会签订合同时，合同中就是这样规定的。这位八旬老人在这个年纪的老人中算是健康的，但她走路仍需要拄拐杖，因为尽管她的髋关节安装了假体，但关节痛一直折磨着她。克里斯蒂亚娜刚刚退休，有活力且乐于奉献。她对若尔热特非常友好，因为老人总是面带微笑，彬彬有礼，让她想起了自己的教母。除了带若尔热特进行她非常喜欢的每周一次的外出散步外，作为志愿者的克里斯蒂亚娜认为自己也有义务帮助她做些家务，因为克里斯蒂亚娜觉得家政服务员在家务和采购方面没有尽职。

一次，克里斯蒂亚娜给若尔热特带来了一打酸奶，这是她以若尔热特领取最低养老金为由买到的促销产品。然而克里斯蒂亚娜没有注意产品快到保质期了，这位老太太又很少吃乳制品。还有一次，在一月份的某一天，克里斯蒂亚娜决定给老人单间公寓的玻璃窗除垢。当她仔细地擦拭两扇大开着的玻璃窗时，没有看到老太太在扶手椅上被冻得瑟瑟发抖。

事实上，在尽职尽责的愿望驱使下，克里斯蒂亚娜不自觉地在内心扮演了拯救者的角色：她像一个消极的养育型父母一样对待若尔热特，问都没问就给予她"帮助"。她强化了这位很有教养的老太太作为一个适应或顺从型儿童的心态，使她无意识地在内心接受了这种顺从的受害者角色。

擦干净玻璃后(已经快冻僵了的若尔热特并没有感谢她的帮助)，克里斯蒂亚娜建议这位八旬老人把那个懒惰的家政服务员赶走。但她不知道，在达喀尔度过童年时期的若尔热特非常喜爱那位塞内加尔籍女家政员，因为她总是在干完活后跟她聊天，还给她唱家乡的欢快小调。

克里斯蒂亚娜给若尔热特提供了帮助——其实若尔热特并不想要这些帮助——却没有得到认可，于是她又不自觉地从拯救者的角色转化为消极的规范型父母或迫害者的角色。若尔热特如果留下她的非裔家政服务员，那么她将会变成克里斯蒂亚娜眼中的叛逆型儿童。因此，这位感觉不被理解的志愿者很有可能因为"一个顽固而忘恩负义的老太太"变成受害者。那么这段关系就真的变得有毒了。

正如谚语所说："通往地狱的路通常是由善意铺就的。"

心理学家的分析

我们从下图可以看到导致克里斯蒂亚娜与若尔热特之间生成有毒关系的心理游戏的灰色三角：

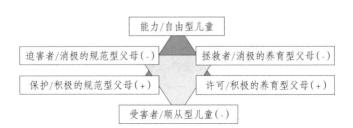

在这段关系中，克里斯蒂亚娜是第一个主角。从表达方式上来看，她一上来就混淆了关系，以为能够像对待她的教母那样对待若尔热特。

而若尔热特不是她的父母，克里斯蒂亚娜什么也不欠她的，不会遇到她身为教女可能遇到的情况。另外，这位志愿者只是因为一项包含非常具体任务的契约才与这位老人建立了联系。

于是，因为提供了对方不需要的帮助，克里斯蒂亚娜使自己与若尔热特的良好关系陷入了危险的境地。而这位因良好的教养而不愿冒犯志愿者的老太太变成了这个故事中的第二个主角，以默许的方式鼓励克里斯蒂亚娜将这段关系推向一个不恰当的方向。

显而易见，两位女士在这段将要变得有毒的关系中都负有一定的责任。可以说，克里斯蒂亚娜是"主谋"，若尔热特是"从犯"。我们也能注意到这个三角形中主角地位的频繁转换，就像一支微妙的"双人舞"。

我们可以设想两位女士之间发展出积极的、没有毒性的危险关系时的情形。作为志愿者，克里斯蒂亚娜只为若尔热特提供她所需要的帮助，把她当作一个可以对自己负责的成年人看待。这样一来，克里斯蒂亚娜就会在内心接受以下角色：

◉ 积极的养育型父母，允许若尔热特自己体验健康所需的定时散步的乐趣。

◉ 积极的规范型父母，保护若尔热特，使其免受因行走困难而可能遇到的外界危险。

身体永远不会说谎

当您怀疑一段关系有毒时，请"问问"您的身体，因为它具有无可匹敌的智慧！它是您宝贵的盟友，会给您一个好的建议，使您将这段关系看得更清楚。然而，这需要您专注、仔细地观察它。

▶事前：想到几分钟后要再见X，您的身体有什么感觉？

▶事中：在他面前，您的身体有什么感觉？

▶事后：当他走远时，您的身体有什么特别的感觉？

几点建议

▶重要的是记下所有不寻常的身体变化，即使是您认为最无关痛痒的或强度最弱的变化。

▶在阅读下一段之前，在至少三次会面 (每次至少15分钟) 中做这个练习。

▶一上来就严格剔除可能影响您身体感觉的慢性疾病。

▶最后，只在两人单独约会时做这个练习。第三方的存在可能使您的感觉不那么灵敏，甚至出错。

开始吧，加油！这会使您受益匪浅！

与一段有毒关系相关的身体感觉随着个体生理状况的变化而变化。然而，您可能需要警惕一些征兆，这些征兆一般会在每次与X见面时以同样的方式反复出现。

事前

▶肠子反复发出咕噜声——不要将其与饥饿时的咕噜声混淆。

▶四肢 (手或脚) 突然躁动不安。

▶反复打喷嚏 (无论您是否过敏)。

▶出汗增多 (尤其是背部上方和/或手掌)。

▶手指轻微刺痒。

▶心跳加速。

▶抑制不住想上厕所的冲动。

事中

▶隐隐约约的头疼可能突然移至头的前部：这或许与您的精神混乱相关。

▶ 突然莫名其妙的咳嗽可能是因为您无意识地抑制了自己要说出口的话。

▶ 胃痉挛可能对应人们常说的（紧张得）"胃像打了结一样"。

▶ 双腿轻微颤抖可能是因为您不自觉地想要逃跑。

事后

▶ 一连叹了好几口气。

▶ 打了一个大哈欠，甚至一连串哈欠。

▶ 迫切需要打开窗户（即使屋里已经很冷了）。

▶ 身体突然很疲惫（上午11点之前）。

▶ 难以抑制的口渴或肚子饿（还不到吃饭时间）。

▶ 双腿沉重（中午之前，即使在天冷的时候）。

▶ 迫切需要找个人随便说点什么。

在与X单独见面之后，如果您发现其他人面对X时（例如在一次工作会议中）也出现了上述某些征兆，那就更坚定了您对X的最初印象。

因此，在职场中，与其相信同事所说的话，不如相信他们的肢体语言，尤其当X是领导时。

某种殷勤的危险

当殷勤被以真诚的面貌——如尊重、温柔、慷慨——

表现出来时，它不构成危险，它是一种真正的内在美的外化表现，我们无须怀疑它。

殷勤包含一些不那么高尚的部分，它们可能以有害的方式产生一种很特别的毒性。

当殷勤变得有毒时

首先，有一种所谓的"镜像殷勤"，即为他人做我们希望他对我们做的事，或者相反。这种形式的殷勤通常非常友好且十分谦恭，甚至可能有些考究。因为表现出这种殷勤的人往往需要在寻找表面盟友的同时巩固自己的名声。有时这种殷勤甚至可能传达出一种隐形的劝说，希望双方的关系不要沦为他所担心的冲突或抛弃。在这种情况下，殷勤变成了一种诱惑，它由因猜想他人不愿意而产生的焦虑所驱动。这种殷勤暗藏着对某种"投资回报"的期待，另一个主角很快会感觉到上当了。这类关系的毒性不会一开始就显露出来，因为用殷勤约束对方往往是一个无意识的过程。这需要我们有分寸地摆脱这种殷勤，保持距离、循序渐进、注意安全、小心翼翼……

其次，所谓"应声虫"表现出的殷勤。应声虫对于殷勤有一种误入歧途般的癖好；他的殷勤只针对同辈中的一种人，即"最强者"（至少是他认为最强的人）。我们很难知道哪个原因在他的心中更胜一筹：是对权力行使者的过分迷恋，还是因纯粹的利益而服从于权力行使者。

一般情况下，他身上有某种程度的懦弱，或者狡诈——有时二者兼备，还掺杂着可能给人以错觉的少许天真。

如今，这种表现主要出现在企业里——对失去工作的恐惧使许多职员夹着尾巴做人；或者在政党中，尤其当领导人在大选前一天的民意调查中占据优势地位时。应声虫往往是深度缺乏自尊并完全放弃了发展自尊意愿的人。他的身上保留着一种复杂的自卑，他常常将其伪装成最可疑的谦卑，并用这种谦卑与能保护他的人做交易。我们应把这种假好人称作"胆小鬼"。恐惧是应声虫的优先动力，由于他一开始就表现得屈从于他人，所以人们与他只能创建一段有毒的关系。

最后，当然还有操纵者的表面殷勤。他为了达到自己的目的，一开始就设法建立一种强迫性的关系，即有毒的关系。他过于殷勤的行为可能使许多人产生错觉。因为他即使不是一个马屁精，也是一个自私的奉承者。

然而，正是他的殷勤中夸张的一面才让人"提心吊胆"。因为他明显缺乏真诚，警惕的直觉可以帮助我们辨认出这种表面的殷勤。

被控制者/控制者

许多有毒的关系都暗含着主角之间地位的不平衡。这种不平衡往往是由无意识的心理机制导致的。它造成强迫性关系。这种关系最初是潜伏的，随着时间的推移，可能变得越来越难以控制。其中，一个主角在另一个主角的眼中逐渐丧失了其作为人的全部意义，一方的自我过度膨胀，从此占满整个关系空间，而另一方则成了被利用的工具。

我们是如何走到这一步的？

在很小的时候，我们都经历过前语言阶段，这个早期阶段被精神分析学定义为"初级爱"阶段，它具体对应两种状态：

初级自恋

一切感情的关注点都集中在自己身上，以后的经历会促使主体分出一部分对自己的爱，将其转移至周围环境上，但最初只有自我体验。

初级全能

只要有一位不遗余力精心照料自己的母亲，婴儿就生活在一种幻觉中，即只要他感觉到自己有需要或欲望，就会立即得到满足，而不必考虑超出其认知范围的其他选择。

　　某些在发育早期经历过严重的感情和教育缺失的儿童，没有得到使其和谐发展的良好陪伴，因此越过了这个初级爱的阶段。他们的心中保留了对这种自恋和全能的怀念，会不自觉地试图重新经历这个幼年阶段，因为这是一个"失去的天堂"。

　　在他们后来（通常在接近7岁时）的经历中，教育过程中各种重复的标志性情节，使大部分孩子的内心无意识地做出了决定（我们用下表中的句子总结这些决定）。这些决定奠定了他们社会关系的基础。艾瑞克·伯恩将这些内心的决定称为"生活态度"。

	我好		
你差	**我好/你差** **高估自己，贬低他人** "可怜的人，你不行，放那儿吧，我会做的；这是你的错；我是最好的；你放弃吧。" •贬低或控制的态度。 •感觉：优越、轻视、怜悯、傲慢、屈尊俯就	**我好/你好** **接受自己，也接受他人** "你和我不相上下。让我们一起找到最好的解决办法。" •我意识到自己的价值和你的价值。 •从合作与分享的角度看待关系。 •自发的情感：快乐、期望、依恋、悲伤、害怕、生气	你好
	我差/你差 **贬低自己，也贬低他人** "这是我们的错，我们一钱不值，我们什么都不会做。" •极端消极的自我形象和他人形象。 •感觉：放弃、羞耻、绝望	**我差/你好** **贬低自己，高估他人** "别人都比我强，他们做得更好；这是我的错；我完了；我没什么用；你比我强。" 感觉：自卑、抑郁、仰慕、羞耻	
	我差		

某些未能画出自己"初级爱"阶段图形的孩子会无意识地选择"我好/你差"的生活态度。在未来，当生活把一些人带到他们的人生道路上，而且他们在这些人身边可以重新体验那个失去的天堂时，他们很有可能将这些人当成玩具。

从此以后，一种令他们开心的控制开始了，它是不讲道理的，甚至是强制性的。理论上，这些"玩具"主要是一些在童年时选择了"我差/你好"的生活态度的人。

四种生活态度

以下是几个发生在童年时期的典型事例和与之相关的四种生活态度，这些事例或者发生在兄弟姊妹之间，或者发生在社会层面：

▶ 独生子女，自己玩耍或没怎么上学，被社会知名度高的母亲或父亲过度疼爱。

对应"我好/你差"的生活态度。

▶ 家中最小的孩子，与他（她）同一性别的哥哥或姐姐个性较强，让他（她）有压迫感(哥哥或姐姐常常在游戏中获胜并且学习成绩优秀)。

对应"我差/你好"的生活态度。

▶ 家中最大的孩子，很小就经历来自父母双方的社会性羞辱或父母有一方很粗暴。

对应"我差/你差"的生活态度。

▶ 父母很早就鼓励他与兄弟姊妹分享玩具，必须和其年龄相符的生活在不同环境中的孩子和谐相处。

对应"我好/你好"的生活态度。

控制关系总是一个巴掌拍不响

如我们所见，一段关系如何呈现是双方共同作用的结果。控制关系也离不开这条规律：它的毒性经常是暗地里滋生的。

慢慢地，一个无意识的进程在两个主角之间产生了。我们可以将其总结如下："因为是他，因为是我。"让我们从进一步研究我们最了解的人，即自己开始。"如果要管别人，先管好自己"，不是吗？

对自己提出以下问题，尽量诚实地用"是"或"否"作答。

1	总体而言，您认为自己是否有自信？		
2	您是否通常认为他人与您不相上下？		
3	您是否经常希望他人认可您的价值？		
4	您是否认为一段关系从来不是无偿的？		
5	您是否保持着自尊？		

6	您是否经常取笑那些"失败者"？		
7	您是否特别在意他人对您的恭维？		
8	他人是否把您看作一个"输不起的人"？		
9	您是否有轻信他人的倾向？		
10	您是否总是因为使某人"达到了您的目的"而骄傲？		
11	您是否习惯于拿自己与他人作比较？		
12	您是否有时会轻视与您价值观不同的人？		
13	您是否会轻易向一个陌生人吐露心声？		
14	您是否喜欢以最好的一面示人？		
15	您是否倾向于在某些情况下保持低调？		
16	您是否在生活的某些方面仍存有秘密？		
17	您是否容易动感情？		
18	您是否经常感到不安？		
19	您是否有时会表现得特别情绪化？		
20	当他人当场指出您的错误时，您是否会很恼火？		
21	您害怕谈话中冷场吗？		
22	您是否觉得对下属展现您的权威很正常？		
23	您是否经常不好意思拒绝别人？		
24	您小时候在学校或在家里是否经常受到侮辱？		
25	在他人眼中，您是否非常乐于助人？		
26	在游戏中，您是否特别喜欢虚张声势以欺骗对手？		
27	您是否超重？		
28	在爱情中，您是否因分手而感到某种快乐？		
29	是否有人说过您是一个易怒的人？		
30	您是否特别喜欢说了算？		
31	在爱情中，您是否倾向于将您的伴侣过度理想化？		
32	在工作中，您是否因指出他人的差错而感到某种快乐？		
33	您是否经常因为某人有您认为可耻的残疾或身体缺陷而避开他？		

34	您是否经常向某人提出不恰当的或过分的要求?		
35	您是否在某方面成瘾(烟、镇静剂、酒精、食物、性等)?		
36	您是否经常在面对某些状况时感到羞耻?		
37	您是否有一位特别专制甚至暴力的父亲?		
38	您是否难以忍受您的配偶总是迟到?		
39	您是否曾经长期与一个哥哥或姐姐对抗?		
40	您的母亲是否总是顺从于您的父亲或她的伴侣?		
41	您是否经常突然肌肉紧张或关节痉挛?		
42	您是否患有慢性皮肤病?		
43	您是不是家中最大的孩子?		
44	您是不是家中的"小儿子"或"小女儿"?		
45	您是否经历过与某人的一段有毒的关系(由一位心理学家确定为有毒的关系),尤其是与某个家庭成员?		

建议:我们强烈建议您选择一位对您有长期了解的宽厚的近亲,帮您确认那些自己无法给出明确答案的问题。

对问题的回答

▶ 问题1、2和5:是=A,否=B

▶ 问题3、4、6至45:是=B,否=A

如果您有超过26个答案选B,说明您倾向于或很有可能经历一段有毒的关系。因此,您应尽量关注上述行为的特点和类型。

注意:这个测试不是为了使您产生负罪感,而是为了让您理解这些特点是如何增加您无意识地进入一段有毒关系的可能性，最终使您远离一段可能给您带来严重的身体和精神痛苦的不健康关系的。

赶走羞耻感

羞耻感是一种通常不能公开表达的感觉。它令人很不舒服，所以总是被藏在无意识的最深处。因此，羞耻感常常与一段有毒的关系相关，因为它隐含在这段关系中。

羞耻感会隐蔽地、有时又非常强烈地产生影响，它可能以一种近乎毁灭的方式引发嫉妒。将羞耻感驱赶到我们的内心深处是非常重要的，因为它会使感受到它的人抱有"我差/你好"的生活态度，并可能做出一些严重伤害他人的行为。

以下是一个测试，它可以帮助您衡量自己感受到的羞耻程度，您需要用"是"或"否"本能地作答。

1	您害怕失败吗？		
2	您是否出身低微？		
3	您是否很在意别人怎么看您？		
4	您是否通常感到活得自在？		
5	您是否重视衣服款式？		
6	您是否持有一项不动产贷款？		

7	您是不是一个焦虑的人?		
8	您认为有钱是成功的一个因素吗?		
9	您是否会去一个没有任何熟人的社交鸡尾酒会?		
10	您是否有一位值得托付一切的宽厚的近亲?		
11	您是否挨过饿?		
12	您是不是一个白手起家的人?		
13	您是不是无神论者或不可知论者?		
14	您是否认为金钱不能带来幸福?		
15	您是否在幼年时失去了双亲?		
16	是否有人说过您很有幽默感?		
17	您是否拥有至少一个大学文凭?		
18	您是否曾被某个前任赶出门?		
19	您是否有购物强迫症?		
20	您是否曾因严重过错而被辞退?		
21	如果您离婚了,您是否独自抚养子女?		
22	您是否有一个受父母偏爱的兄弟或姊妹?		
23	您是否曾在游戏中屡战屡败?		
24	您是否曾羞耻得要死?		
25	您是否会向邻居隐瞒真正的度假目的地?		
26	您是否虔诚地信仰某个一神论宗教?		
27	您是否会帮助一个刚刚犯了罪的近亲?		
28	您是否非常节俭?		
29	您是否担心患上传染性疾病?		
30	您是否喜欢炫耀自己有一定的经济实力?		

31	您是否相信普遍的致富原则？		
32	您是否有除了劳动报酬以外的收入？		
33	您是否负债？		
34	您是否经常感觉自己是多余的？		
35	当您赤身裸体时，是否感觉非常尴尬？		

测试结果

▶ 问题1—3、5、7、8、11、12、15、16、18—20、22—26、28、33—35：是=A，否=B

▶ 问题4、6、9、10、13、14、17、21、27、29—32：是=B，否=A

▶ 多数选A(超过26个答案)：您经常感到羞耻，并有意无意地对他人产生某种嫉妒情绪。

▶ 多数选A(超过20个答案)：您经常感到羞耻，但您能意识到这一点。

▶ 多数选B(超过20个答案)：您能意识到羞耻感，但这极少妨碍到您。您会想方设法让自己不要过于频繁地感觉到羞耻。

▶ 多数选B(超过26个答案)：您有自信且天性比较平和，这主要源于您的成就感。您只在非常偶然的情况下才会感觉到羞耻。

危险的人格

我们现在要开始讨论可能与周围人建立起一种"致病"关系的三种人格。

我们绝不是要把具有这些人格的人当作公害来谴责。不要忘记，他们是一些承受痛苦的人 <small>（不只是精神上的痛苦，还有身体上的痛苦）</small>。而且，他们往往无法做出拯救自己的改变。这就是为什么，他们会根据情况有意无意地将自己的痛苦转嫁给他人的原因。

在本书中，读者可以看到他们的性格、行为和态度的多个特征。然而，每个人都是独特的，他可能只具备其中某些特征。另外，不要忘记，任何此类观察都可能带有一定的主观色彩。

在后文，我们将探讨应对这些人格的行为模式的不同方法，帮助读者以最恰当的方式处理与他们的关系。

被动攻击型人格

被动攻击，我们今天认为这是一种人格障碍，而不是一种疾病。拥有这类人格障碍的主体在人口中所占比例估计在0.4%—3%，因此它的发生率相对较高。

在许多情况下，这类人在童年时拥有过度规范型父母（见前一章中艾瑞克·伯恩理论中的"规范型父母"）。这就意味着他们没有机会公开表达自己的不同意见，尤其是发泄愤怒。他们所受的教育不允许他们这样做，他们甚至会因此受到惩罚。他们也没有能力承担责任，因为他们的父母往往过度地保护他们并且很专制，不允许他们承担责任。因此，他们没能正常地获得自主性。

这类人因此习惯于隐藏自己的感受，但也会通过一种委婉的方式，拐弯抹角地表达自己的感受，因为顺从对他们而言是一种失败或挫折。

作为旁观者，我们可能会感觉被动攻击型人格者有一种"不恰当的骄傲"。

这主要表现为：

▶ 经常表现出阴郁的情绪或愠怒。

▶ 或多或少讽刺性地影射他人。

▶ 隐瞒事实。

▶ 散布谣言，尤其是关于某个权威人士的谣言。

▶ 不能坦然承认自己的过失。

▶ 以不可靠或不准确的事件为由拒绝服从。

▶ 非语言的暴力形式（例如摔碎小物品）。

当他们需要独自负责或必须处理某些需要他们负责的状况时，他们会感到害怕甚至非常焦虑。因为这些状况对他们而言是一个巨大的困难，他们会感觉自己一开始就失败了。

这主要表现为：

▶ 逃避和拖延。

▶ 经常不守时。

▶ 对他人缺乏信任（从拒绝帮助到偏执）。

▶ 或多或少有意降低效率（从丢东西到暗地破坏）。

▶ 抱怨并把自己当成受害者。

▶ 疑病倾向。

▶ 用计谋包括欺骗的手段，使他人做出决定或替自己工作。

我们因此可以发现，被动攻击型人格者行为不成熟，他们无法忍受改变，并且很难与他人建立和谐的关系。

案例

布丽吉特和夏洛特：有得必有失

夏洛特，部门经理，52岁，她的副经理布丽吉特，45岁。她们都在一家著名的传媒公司工作了近十年。但是最近，布丽吉特退休离开，公司因为预算紧张不能找人替代她，只雇用了一名实习女大学生来帮助夏洛特。夏洛特感觉工作一下子增多了。感觉自己身上出现了一些职业倦怠的最初征兆后，夏洛特——这位谨慎的女领导去寻求她的职业辅导员的帮助。然而，从第二次辅导开始，她与布丽吉特之间的关系成为问题的核心。夏洛特非常认可布丽吉特在设计方面的创造性和在图表制作方面的能力，她说自己离不开布丽吉特。但是，她也承认与布丽吉特一起工作时总是提心吊胆，这耗费了她许多精力。她说，自己试着忍受布丽吉特的反复迟到，尤其是开会迟到，忍受她几乎总是迟交客户文件并找一些骗人的借口。另外，当夏洛特当面指出布丽吉特的某些错误时，布丽吉特会以一种令人窘迫的恶意否认这些错误，或者摔门而去并赌气好几天。还有，当夏洛特不得不离开（因出差或请假）并将几项紧急任务交代给布丽吉特时，十有八九在她回来时布丽吉特还没完成这些任务……

夏洛特因此习惯了承担布丽吉特的一部分工作，以便推进工作进程并使彼此相安无事。但是如今，她意识到自己不可以再这样做了，除非她想毁掉自己的健康。

心理学家的分析

这种有毒的关系长期存在是因为夏洛特弥补了布丽吉特不恰当的职业行为，但是不敢直面她。一方面，这不是她的个性；另一方面，她害怕对方的拒绝或小心眼的报复。而布丽吉特应该感觉到夏洛特越来越不信任她，因此更加被动地反抗夏洛特。这是她们之间多年以来形成的一个恶性循环。

极端人格

这种类型的人格较为复杂。在心理学术语的范畴中，它的结构特点介于精神病和神经官能症之间。根据不同情况，其中一种的结构特点看似比另一种的更鲜明。但是，我们很难事先确定哪一种更占优势，因为这取决于主体将要经历的和他内心将要抵抗的困境。

一种强烈的精神不安

这类人时常感觉到强烈的精神不安，表现为与他人的关系时好时坏。他们身上有一种非常强烈的"自我理想"：他们经常感到失望，因为他们把这种理想投射到他人身上，他们对他人的评判几乎与对自己的评判一样苛刻。

极端人格者因此会长期感觉不适，根据个人情况的不同，或多或少有攻击性的表现。

当现实不符合他们的预期时，极端人格者就会从内心深处认为它不可接受。

他们倾向于在很长时间里自我封闭、消沉，甚至与他人断绝关系。

我们很难与这类人保持一种简单的关系，因为他们高度以自我为中心，很少为他人考虑，而这又源于他们很难相信他人。然而，他们一般不会希望他人不好，也不会故意伤害他人：因为一心追求自己的目标，他们缺少足够的开放与包容，无法真正关心他人。

他们封闭在自己的壳里，拒绝与外面的世界接触，最终会重新出发去征服自己的"圣杯"，尤其是在感情方面。但是他们很少有机会在日常生活中遇见这只"圣杯"，因为他们往往固守着错误的信念却深信它是对的。因此，他们对自己直面现实的能力缺乏清醒的认识。

他们需要外界的帮助，通过心理治疗的形式使他们意识到这种很可能使自己作茧自缚的行为。

这些行为实则源于一种内心的痛苦，它会越来越频繁地出现，越来越令人无法忍受，最终可能促使他们去做心理咨询。

一些行为预兆

这些预兆如果兼而有之，您就要提高警惕了。您与具有以下特征的人的关系中可能存在着毒性：

▶ 对您表现出稍显过分的关心，但不听您说话。

▶ 频繁更换从业地点（非临时性的）或居住地点（在同一座城市里）。

▶ 频繁经历感情破裂，每次都是自己的原因。

▶ 非常苛刻和挑剔，但从来不反省自己。

▶ 总是抱怨别人。

▶ 经常愁眉不展，甚至没有任何明显的理由就突然发怒或沉默。

▶ 在最后一刻取消约会却不解释原因。

▶ 可能几个月杳无音信（甚至连电子邮件都不发），也没有明确表示要中断与您的关系。

案例

药剂师马丁的心慌意乱

马丁，单身，39岁，做了十多年的认证药剂师。他经常研究科学文献并对新药的疗效很感兴趣。他在巴黎一个大众社区的药店工作，很喜欢接待顾客并为他们提供建议。

然而，马丁常常失望地发现顾客并不听从他的建议，虽然主要是出于经济原因。而且，他渐渐发现自己的工作太按部就班了，尤其是药店换了经理之后，他含蓄地批评这位经理太过算计了。他也想过跳槽，尽管这已经是他第五次换药店，尤其是换老板了，但他不认为自己有朝一日有胆量开一家药店，他也不会加盟一家药店。在感情方面，马丁还没有找到自己的位置。他总是爱上同一类女孩：漂亮，但在他看来过于肤浅。有一段时间，他被一个轻佻女子的身材所诱惑，但很快就厌倦了，因为他发觉她的脑子不够用。于是他逃跑了，因为无法体面地和她组成一个家庭。他是独生子，他眼中唯一优雅的女人是他的母亲，而且她根本不像六十多岁的人。为了消磨时间，马丁在周末经常独自去电影院，他也会去健身房，试图塑造自己的体形。

几个月前，面对所有挫折，马丁感觉极度抑郁，他终于决定去找他的论文导师推荐的心理治疗师。一开始，他和这个温和的男人会面时非常放松，因为他有一种老派的优雅，非常开放，而且的确理解他。但在最近几次治疗中，这位治疗师越来越具体地询问他和父亲的关系，这使马丁非常尴尬。一股巨大的怒火在他体内升腾，他一点也不喜欢这种感觉。另外，最近每次他从心理诊所出来时，都感觉头疼得厉害，而且没有任何药物可以缓解疼痛，这让他无法忍受。马丁于是计划另找一位心理治疗师，因为这种头痛使他陷入了一种完全无法忍受的消沉状态，他需要在黑暗中躺好几个小时才能缓过来。

心理学家的分析

通过马丁的例子，我们看到一个具有极端人格的人是多么难以摆脱自己的挫折感，他常常把这种挫折视为外部世界的侵袭。具有这种心理特征的人总是把自己的不满投射到他人身上，却从未想过根据其他标准客观地分析这些事情。但是，在这类人身上，预见到自己将沉湎于内省才是其真正的焦虑根源：重新审视自己对现实的认识令他们无法忍受，因为他们的自我是那么脆弱。

很有可能在他们的童年时期，曾经有人不允许他们充分发展自我，或许是因为作为参照标准的父母的生活经常发生变化（离婚、搬家、照看方式不恰当、再婚、重组家庭不和睦），或许是因为他们所受的教育没有充分建立在信任和爱的基础上，或许二者皆有。在童年时期，他们爱的能力有时也会经受一位不成熟家长的考验，尤其是像马丁一样的独生子女。

还有，他们总是怀疑他人，因为他们从根本上怀疑自己。他们几乎没有安全感，内心极度痛苦，即使感到骄傲也不一定流露出来，因为他们会不惜一切代价维护他人对自己的好评。于是，渴望被认可的他们不断努力寻求认可，尤其是社会层面的认可。这就是为什么他们如此难以表现出恒心并在某个地方定居下来的原因，这些都不能帮他们找到自己所寻找的一种真正的内心平静。

反常自恋型人格

现实中，媒体经常报道反常自恋型人格。准确地说，正是因为企业中精神骚扰案例的增多，才使这类人格暴露在聚光灯下。

然而，我们知道，"反常自恋"不是一个医学概念，因为它既不包含在国际疾病分类（ICD）中，也不包含在《精神障碍诊断与统计手册（第五版）》（*Manuel diagnostique et statistique des troubles mentaux*, DSM5）中。

"反常"一词通常用来指称"歪曲一个事物真实性的行

为"。在这种情况下，反常者会为了自己的利益而歪曲法律，完全否定他人权利的合法性。他们的目的是通过这种方式逃避幼年时的内心冲突，我们会在后面谈到这个问题。"自恋"是指过度聚焦于自我形象的一种人格障碍，甚至通常以贬低他人作为补偿。因此，我们把这两个词语组合起来形容一个无法建立一段真诚关系的人，因为这段关系的基础是一种由影响力、二元性和控制力形成的权力关系。

最后，行为治疗师伊莎贝尔·纳扎雷-阿加 (Isabelle Nazare-Aga) 认为，这类人最多只占总人口的3%。在互联网上已经有许多测试，可以帮助人们确定自己是否遇到了一个反常自恋者 (这种人格障碍通常出现在男性身上，但是也有女性反常自恋者)。我们有必要重新剖析这些测试，以便评估我们与所接触之人关系的毒性程度。

这类人格障碍的根源

许多作者认为，这类特殊人格障碍的产生似乎与同性家长在孩子一到三岁时对其造成的幼年创伤有关。

感情需求未得到满足的儿童对其所遭受的暴力倾向于否认或忍耐。若非如此，面对这个他已经开始认同的家长，反抗和忠诚这两种感情会不断地撕扯着他，令他难以忍受。然而，这种心理创伤将根深蒂固，始终刻在他的无意识中，直至长大成人。

为了保护自己，也为了继续在家庭中生活下去，反常自恋者会培养出一种无视自己痛苦的麻木感，并因此对他人的痛苦也无动于衷。

有毒的对抗

这种最普遍的有毒关系涉及一个反常自恋型的男性和一个情感依赖型的女性。前者用他的魅力诱惑后者，后者需要被取悦以获得被爱的感觉。这两个操纵者于是开始了对抗，但每个人都扮演着自己的角色。

由于这种镜像契合，这两个主角的心理作用使他们在最初的时候产生了幻觉，即他们两个人之间的一切都是完美的。

然而，尽管女方认为她的伴侣理解并仰慕她，但男方会感觉自己处于一段强迫性的感情关系中。

在经历了亲密的阶段后，反常自恋型男方会突然疏远女方，不仅长期无故缺席，而且通过一连串的批评来贬低女方。起初这种批评隐藏在情绪后面，带有影射性，后来就带有谴责的意味，此时的女方就被困在这个有毒的陷阱中。

然而，情感依赖性往往伴随着缺乏自尊，女方会感觉到遭受了猛烈的打击。

作为一个沉着冷静又细心的观察者，反常自恋者还是一个多面的木偶操纵者。他懂得如何戳中他人痛处，并且在需要自己出现的时候缺席。

在这段关系的最初阶段，反常自恋者向他的猎物做出虚假的承诺，以便更好地引她上钩。她徒劳地、绝望地守着这些空话，表现出过分的耐心。她也会试图更好地了解自己的伴侣，但逃避是他的生存法则（因为他从幼时起就保持着这种拒绝的能力）。

之后，她得到的将是对方含糊的承诺、反复的食言和谎话，这本应引起她的警觉，让自己立刻逃离。但别忘了，情感依赖型女性处于一种可怕的控制之下。另外，由于心理作用，她的确没有能力中断任何关系，因为她在童年时经历过接二连三的抛弃。

如果他的伴侣不幸起来反抗，反常自恋者将非常娴熟地扮演受害者的角色，他们中的一些人甚至用假装生病来博取伴侣的同情。

于是，这样一段关系的毒性又得到了很好的润滑，可以这样说，这段关系很有可能再持续几年。更有甚者，可能出现一种"闭门谢客"的情况，因为反常自恋者会想方设法将自己的伴侣与她的亲友隔离开并要挟她："要么选他们，要么选我"。

反常自恋者于是不自觉地展开了无休止且不可缓和的报复，这源于他在童年时期遭受虐待而留下的心理阴影。情感依赖者则说服自己——爱情最终会战胜一切。然而这种爱实际上只是一种强烈的依恋，尤其当它具有某种不健康的受虐性时。于是，情感依赖者忘记了自己的真实需求，一心为反常自恋者着想，而后者却只感觉到一种控制的乐趣。

案例

梅特伊侯爵夫人，一个危险的反常自恋者

为了说明这种人格，我们可以回想一下1988年由斯蒂芬·弗雷斯（Stephen Frears）导演的电影《危险关系》（*Les Liaisons dangereuses*）。其中，格伦·克洛斯（Glenn Close）扮演了女主角梅特伊侯爵夫人。我们可以给这部非常忠实于肖代洛·德·拉克洛（Choderlos de Laclos）的原著小说的改编电影起名为"君子报仇，十年不晚"。

事实上，在这部出色的影片中，侯爵夫人是一个有头脑的女性（"自从我15岁踏入上流社会，我想得到的就不是快乐，而是见识"），一个前卫的女性主义者（"我来到上流社会是为了控制你们男性，并最终为我们女性报仇"），也是一个喜好自由的人（"我一直没有再婚，是为了避免任何人对我颐指气使"）。因此，她具有超越时代的性格特点，我们今天可以在某些"高层次的"女性领导干部身上看到这种特点。

在她与其他人的关系中，存在一种病态的控制欲，这种控制欲靠的是她始终保持的无比的冷静："我的欲望从未掩盖我的意志"。因此，她非常细心地观察周围的人，以便让他们通过做一些违心的事而一步步走向自我毁灭。正因如此，单纯的塞西尔·德·沃朗日在她视为闺蜜的梅特伊侯爵夫人的建议下，失身于瓦尔蒙子爵，变成了他的情妇，而她爱的却是丹瑟尼骑士。

同样，在劝他保住"诱惑高手"名声的侯爵夫人的严厉警告下，瓦尔蒙子爵突然与他深爱的德·杜维尔夫人分了手。

无论是对塞西尔还是对瓦尔蒙子爵，侯爵夫人都清楚地知道什么时候应该对他们冷淡，什么时候应该对他们热情。

虽然侯爵夫人一开始劝说塞西尔变成一个在性方面很内行的年轻女子，以便只取悦她将来的丈夫，但是塞西尔刚一失身，侯爵夫人就立刻很懂行地说："羞耻就像疼痛，我们只会经历一次。"塞西尔因此越发有负罪感。

对子爵也是一样，侯爵夫人先是用他在女性中的不败战绩来恭维他。然而，当子爵意识到自己对德·杜维尔夫人动了真情时，她又很通达地补充道："虚荣和幸福是互不相容的。"她就是这样使子爵在面对自己第一次真心爱恋的女人时，陷入进退两难的痛苦境地。

心理学家的分析

如果说侯爵夫人的反常人格已经很明确了，那么她的自恋则在她频繁得到自我满足的过程中完全表现出来了。在影片中，斯蒂芬·弗雷斯让她说出这样的话："正如许多知识分子一样，丹瑟尼是一个极其愚蠢的人。"因为在整个阴谋中，侯爵夫人活在一个完全不受他人影响的领域中。另外，她的座右铭"要么胜利，要么死亡"也说明她的完美主义完全是她的自恋结出的果实。

　　然而，不要忘记，任何反常自恋者都在不断地被重新去经历过去的沉痛耻辱而焦虑折磨。在与子爵一次少有的交心中，她最终承认，在她年轻时，有人曾命令她闭嘴。从那以后，她的目标就是不懈地报复他人，借此慰藉她所遭受的自恋创伤和爱的深度匮乏。瓦尔蒙子爵和塞西尔·德·沃朗日各自经历过的爱情揭开了她已经治愈的某个创伤。无论是在拉克洛的小说中，还是在弗雷斯的电影中，尽管我们只掌握了这个人物童年时很少的一点线索，但我们仍然可以假设，在侯爵夫人张扬傲慢的背后或许隐藏着一种充满绝望的反抗。

　　我们在影片的最后可以很清楚地感觉到这一点，梅特伊侯爵夫人在自己无暇的妆容下发现了代表无法言说的耻辱的鲜红色。我们因此目睹了一个被装腔作势的自我权威彻底摧毁的作茧自缚之人的悲剧。

如何逃离
有毒的关系？

人生苦短，我们不能把时间和精力浪费在无法与我们维持一段清楚而平衡关系的人身上。也就是说，在这段关系中，每一方都平等地给予和接受，没有算计，也没有暗藏的操纵目的。

中止一段关系或与某些人保持距离——都是暂时的——有助于保护我们并使我们的内心更加坚强。

在困惑的时候，我们需要尽可能地保持一种良好的精神状态。当然，"退出"不一定轻松，却是一次正确甚至必要的尝试。

稍微清理一下通讯录

请您从仔细分析真正的平衡交流开始。例如，在这段关系之初，是不是总是您在打听对方的消息或为对方服务？

然后，从以下两个方面用心地问一问自己。

精神方面

▶ 目前我真的需要维持这段关系吗？

▶ 这段关系是否让我们两个人都有所收获？

▶ 目前我真的渴望发展这段关系吗？

▶ 这段关系是否使我们两个人都舒服，甚至使我们得到共同提升？

身体方面

还是问自己以上四个问题，请您观察腹部的任何反应，即使是最细微的反应。因为肠道是我们的第二大脑，它可以成为一个有效的向导。

▶ 如果您清楚地回答"否"（腹部也有所反应），那就没有什么可遗憾的了，立即将对方的名字从您的通讯录中删除，您会马上感到如释重负。

▶ 如果您清楚地回答"是"，那么请在合适的时候重新联系对方，但必须抱着正当的意图（因此请花些时间好好确定这个意图）。

▶ 如果您有所迟疑，尤其是您的腹部始终没有动静，那么请您不要忘记无风不起浪，并采取"谨慎原则"：克制自己，不要去推进这段关系，然后好好看看会发生什么！

鼓起勇气，逃跑吧！

如果您确认您与X的关系不再适合您——尤其是当您的腹部也发表了意见时，那么较为明智的做法可能是立即进入下一步：逃跑！

什么是正确的关系？

为了给您必要的勇气，请您了解一下正确关系的特点，主要有以下几点：

▶ 您从一开始就自然地对这些人有一种信任感。

▶ 您能够从他们身上辨认出自己认为重要的一些品质。

▶ 首先，你们互相视对方为与自己平等的人，在享受幸福和承受痛苦方面具有相同的可能性。

▶ 你们为了同样的事而开怀大笑。

▶ 您可以毫无顾忌地在他们面前展现真实的自我。

▶ 您可能会与他们分享某些隐私。

▶ 在这段关系中，您既愿意付出也期待回报，当然是在合理的限度内。

如果您与某个人维持的关系缺少以上特点中的至少四种，那么您可以毫不犹豫地把此人从您的通讯录中删掉了。

▶ 首先，您和其他人一样，值得拥有和谐的关系，即使这些关系的数目用一只手的手指头就能数得过来。是的，您必须这样做。要知道，在这方面，质量通常与稀缺相配！

▶ 其次，您可以把在此人身上花费的无用精力用到更有价值的事情上。比如，想象一下您将如何利用从这段不合适关系中释放出的时间。这会给您插上翅膀！

▶ 最后，您可能会担心自己的周围出现关系的沙漠，但是，经验表明，当我们结束一段不恰当的关系时，其他人往往会出现在我们的视野中，并且有可能与我们建立一种正确的关系。这就是生活的魔法！

断绝关系是否需要预先通知?

我们有许多种方式来结束一段关系，尤其是朋友关系或情侣关系，但一定不要在一怒之下这样做。众所周知，愤怒往往是一个很差的参谋。

▶即使您本能地感觉到自己已经作出了正确的决定，也请让这个决定再酝酿两三天，观察自己经历了哪几种情绪：狂怒、焦虑、悲伤、怨恨……

▶不一定要试着平息怒气。例如，您可以把头脑中出现的一切想法写在纸上，甚至是辱骂的话和其他脏话，直到写够了为止，再看看自己的内心有什么变化。

▶然后烧掉这张纸。看着它在自己眼前慢慢地变成灰烬，您一定会如释重负。

▶第二天，问问自己是否要通知此人——您要与其断绝关系。

指导您选择的几点建议

选项A：您选择通知此人

不要通过电话向他宣布您的决定，因为这种沟通方式可能使您无法准确地表达自己的想法。另外，听见对方的声音可能会重新激起您的愤怒，您可能会说出一些超出自己预先想法的话。或者相反，这可能会阻止您表达想法，尤其是当此人仍然对您有较大的影响时。

如果您选择写一封电子邮件或一封信，那么请不要马上发送或寄出，因为您可能需要多次修改，以便找到正确的语气或合适的语言。写信时一定要以"经过深思熟虑……"开头，以便向收信人表明您并非冲动行事，这会使他更愿意读下去。

写信有很多好处——清楚、有一定距离(本义和引申义)、能留下痕迹。如谚语所说："口说无凭，立字为据。"这个痕迹可以构成一份档案，当您希望投入一段新的关系或撰写您的回忆录时，您可能会重新阅读它。它也可能让对方更好地反思这段关系。

选项B：您选择"装死"

即使此人出现了，您也不要再回他的电话留言(注意隐藏的号码)，也不要回复他的任何书面留言。这种选择要求您有胆量坚持住，尤其是当事情会长久地拖下去时。

这种选择也有风险，它会使对方不安，您也许会在意想不到的地方看见他以出乎意料的方式突然出现(比如您家的楼梯上、您单位的门口、您父母家等)。

您需要考虑自己是否准备好从容或惊慌地经历这样的插曲。

选项C: 安排一顿告别餐

这种解决办法的优点是尊重对方，并能更好地让对方"心服口服"，尤其是当对方完全没有料到您会提出分手时。另外，您可以选择锦上添花，送给对方一个小礼物，同时感谢他与您一起度过的美好时光。

不要一上来就宣布您的决定，这样做不明智。在用餐过程中尽量表现出您在倾听对方的意见并且要保持耐心。选择一个提供简餐——"头盘+主菜"或"主菜+甜品"、服务快速且周到的餐厅，并提前通知被邀请方您只有一个小时的空闲时间。不要忘记预定一个靠近出口的桌子，以便您在需要时，一宣布完决定就能迅速溜走，当然要确保提前结账。

您内心有时想要这样做

如今，您更清楚地了解了这段关系，于是下定决心结束这段不再适合自己的关系。但是，负罪感悄悄地妨碍着您。

负罪感

您会因为维持了这段关系而自责，因为现在知道它是有毒的，于是您会责怪自己："我怎么会上了这段关系的贼船呢？""我本应该听迪什莫尔的话，他曾多次告诉我不要相信X。""但我为什么没有早一点看出来呢？""我真是瞎了眼了，蠢货、傻瓜、天真、白痴、没脑子、弱智……(请选择适合您的词语)。"您因为自己遭到背叛而感觉非常不舒服，并且会因此感觉到说不出的耻辱。您会不停地自言自语或跟第三个人唠叨这件事，用尽一切言语来骂自己。您把自己禁锢在这场空洞的推理中，以至于无法完成您承诺过的事情——有效地断绝关系。

事实上，您在心里为自己定了罪，任凭自己被负罪感操纵。

不要上当，负罪感只是自我的一个把戏，它想要通过定罪来占据台前的全部位置。

它使您相信，您不可避免地扮演了坏人的角色，或者下了一个错误的赌注，并且让您对一个不应归咎于自己的错误负责。看见了吧，这就是一个巨大的错觉，仿佛您是这个地球唯一的占据者，而那些原因与结果、人与事之间的相互依存性是不存在的。负罪感会耗尽您的心理能量，然而这种心理能量应该被积极地调动起来，付诸行动。

千万不要相信负罪感会像绊脚草一样无休止地从您的脑袋中长出来。只要随时提高警惕，您完全可以经受住考验：

▶ 请您找出在脑海中打转的令人有负罪感的话语。

▶ 请您将这些话语准确地写在一张纸上，并把它们列出来。

▶ 在一天当中，只要您再次"听"到这些话语，就立即打断它们。

▶ 请利用未被占据的心理空间使自己平静下来，重视自己，这会使您得到初步的安慰(想一想您最近完成的某件好事，或者您从一个善意的人那里得到的某个好东西)。

▶ 最后，告诉自己，耐心是您为自己提供的一个内心空间。有了它，您最终会克服这些令人筋疲力尽的陈词滥调，否则时间长了，即使是您的密友，也会被它们惹怒。

事实上，负罪感毫无用处，除非您意识到这一点并将它转化为责任感：因为负罪感会强迫您一遍又一遍地回顾过去，并为您展示一个关于自己的负面、扭曲的形象，借此来抑制您；而责任感则促使您去行动，并使您重新相信现在和未来。无论如何，您不想继续成为自己讨厌的人，不是吗？那么，阻止自己钻牛角尖就是值得的！

要想过得幸福，就要保持低调

让我们停留在内心世界中。在预防"关系毒性"方面，低调是当今社会必不可少的一种品质。

如今，自拍照可以立即发到脸书上，往好处说这是某种自我满足的展示，往坏处说这是最粗俗的卖弄。十分令人担心的是，某些关系也因此受到了损害。因为，把自己的生活——尤其是情侣的隐私——公之于众，可能会引起他人的负面反应。

嫉妒随处可见，它是毒性的根源，我们最好不要招惹它。同时，应避免因我们感情的成功而洋洋自得。

嫉妒的两个强大动力：自卑和仰慕
自卑

自卑是嫉妒的基础。因为各种原因而很少受到父母赞赏的主体，意识不到自己的独特性——正是这种独特性使他变得不可替代。因此，他几乎意识不到自己的价值或内在资源(特别是自己的软技能)。在上文有关生活态度的表格(见第32页)中，这类人会或多或少有意识地采取"我差/你好"的生活态度。

仰慕

因为对自己的看法是扭曲的，所以这类人总是拿自己和别人作比较，尤其当自己的排行位于兄弟姊妹的中间时：在他眼中，老大享有"知道的比他多"的威望，最小的一个总是最受宠。这种仰慕在面对与自己同性别的哥哥或姐姐时表现得更加明显。

而且，嫉妒通常带着虚假的亲近面具。既然意识不到自己拥有或者能够获得这些优点，那么嫉妒者就希望能从自己仰慕的人的固有品质中分一杯羹。他还会伪装自己，以成为被仰慕者的亲近者之一，甚至密友。

嫉妒者常常会选择一个脆弱的时机来达到他的目的。更糟糕的是，经过预谋，嫉妒者往往会让对方相信攻击来自其他地方。我们还是回到低调的话题上吧。

隐藏幸福是抵御潜在嫉妒者的最佳方式之一。

实际上，嫉妒者很善于掩饰他们的感情，他们既可怕又隐蔽，因此我们最好保持谨慎和低调。

而且，尽管我们沉浸在觅得情侣的喜悦中，但是在社交网络上公开这段关系会减损它的分量，尤其是爱情具有稍纵即逝的特点，因此非常珍贵。不要忘记，保持爱情的神秘感也是维护爱情自由的一个方法。

最后，低调还有另外一张王牌：与分寸感一样，低调有助于使人获得尊重，甚至使人自发产生善意，即使它没有直接诱发善意。正如马塞尔·茹昂多 (Marcel Jouhandeau) 的这句话："低调是能够容忍过分却不会受其损害的唯一美德。"

稻草与木梁

有时，我们会对刚刚认识的某个人产生反感，甚至厌恶。而且，随着我们与此人的进一步接触，这种感觉越发确定。

如何解释对他人突然产生的反感？

我们徒劳地遵从理智并试图以一种积极的态度对待此人，但我们面对他时还是会有一种不舒服的感觉。我们无法合理地解释发生的事情——"我控制不住自己！"突然，我们预感到自己不自觉地再次陷入一段有毒的关系中。

事实上，我们的无意识正在警告我们，这是我们内心深处的一个矛盾进程，福音书中那则关于"严于责人，宽于责己"的寓言很好地解释了这个进程："为什么你只看见了你兄弟眼中的那根稻草，而没有看见你自己眼中的那根木梁！或者说，你都没看见自己眼中的那根木梁，又怎么可以对你兄弟说：'兄弟，让我取出你眼中的那根稻草吧！'伪君子，先取出你自己眼中的那根木梁，这样你就会知道该如何取出你兄弟眼中的那根稻草了。"〔《路加福音》(Évangile selon saint Luc)，第6章，第39-42行〕

实际上，基于我们的人格类型，我们不一定会承认自己的某些不足或弱点，因为这太令人痛苦了。于是在面对这些缺点时，我们扮演了鸵鸟的角色，这正是心理分析中所谓的"压抑"。

但是，当这些缺点恰好通过他人的行为突然出现在我们面前时，我们的理想化自我——代表了我们希望成为的那部分自我——被触犯了。简而言之，我们的自恋受到了打击！我们有可能把这些缺点全部归罪于他人，以便在内心深处为自己开脱。关系毒性由此而生。我们没有把对方作为一个整体来看待，而是始终聚焦于他的态度和行为中消极的一面。我们就这样将对方和自己禁锢在对这段关系有害的执念中。

站在高处回顾这段关系

是的，这是可能的，但有三个条件。

首先，您应学习耐心的美德，这是只有自己才可以提供给自己的内心空间。埋葬一段关系，即使对于首先提出断交的一方来说，也不是像打个响指那么简单的事，除非他是超人。

▶ 您将因此经历一段时间不愉快的情绪，比如沮丧（或者极度疲惫）、生气（甚至狂怒）、悲伤等。

重要的是，您要明白有这些感觉是完全正常的，它们有权"发声"。因为您越忽视它们，它们越难消失。为了能倾诉衷肠，您可以选择一位密友或者一个宠物陪伴自己，也可以拿一个小本子，在上面写写画画。

正确的态度是像一位好母亲那样，不完全受自己的情绪左右，而是带着一些善意观察自己的情绪。

其次，当这些情绪平复以后，您应该明白失去也是一种学习。解除一段关系时，我们完全可以列出从中得到的教训，回顾我们在以下方面做得不足的那些时刻：

▶ 对对方的警惕（为什么我任凭他不尊重我？）。

▶ 对自己的清醒（我是否真的需要与这个人如此亲近？）。

▶ 花时间反思已建立关系的内涵。

▶ 以开放的心态接受我们直觉留下的信息。

我们的目的是，尽可能避免掉入同一类关系的陷阱中。

最后，几个星期后，您可能意识到，在这段关系中曾经有一些有益的交流和令双方都愉快的时刻。简而言之，我们没有失去所有，愉快的记忆证明了这一点。于是，我们意识到这可能是这段关系存在的唯一理由，只是我们对它的期待有点过高了。

宁缺毋滥

许多人之所以无法摆脱一段不健康的，甚至有毒的关系，是因为他们非常害怕孑然一身。而他们之所以有这种感觉，是因为他们混淆了孤立与孤独。孤立是一种排斥，因此被孤立是一件痛苦的事。然而，每个人都可以选择将孤立变成孤独，这样就可以从错乱过渡到自由。怎么做呢？通过觉悟。

您是一个独特的个体

在您之前和之后都不存在与您相同的人，这不就是不同寻常吗？请您想一想这种只属于您的存在方式。您应该意识到这样一个简单的事实，无论是对于自己还是对于他人来说，您都是一个极其珍贵的存在啊！

孤独是从内心深处认同自己存在的使命。这简直令人激动，不是吗？我们在"alone(独自的)"这个英语单词中也看到了这个含义。从前，这个词被写成两个词"all one"，意思是"完全是一个人"。

尊重自己

注意，我们不是要因此表现一个过分的自我，也不是要迎合一种低级的自恋。否则，您可能又会陷入一段不健康的关系！

相反，意识到我们的独特性可以使自己的存在变得不那么平庸，我们赋予它崇高的意义。这个觉悟通过真正的自尊为我们的存在带来了力量和勇气。正是在孤独中，我们可以衡量和发展这种自尊。

因为自尊是对自身长久不衰的友爱，既是对此时此刻的自己，也是对未来永恒的自己。奥斯卡·王尔德 (Oscar Wilde) 曾经不无讽刺地说："尊重自己是使我们终身被爱的唯一方法。"

孤独将帮您找回一定程度的平静。您将面对自己，全部的、完整的自己，而不是您在这段不适合自己的关系中培养的那个虚伪的自己。您再也不会赞同萨特 (Sartre)《禁闭》(Huis clos) 中的最后一句台词"他人即地狱"，但您可以戏谑地模仿帕斯卡 (Pascal)，宣称"人类不快乐的唯一原因，是他不知道该如何独自待在一个房间里"。

如何处理
有毒的关系？

这里先给出几条建议，如果我们与一些有问题的人建立了关系，那么不要忘记我们有以下责任：

◉ 怀着最低限度的善意甚至同情来看待他们，因为他们是与我们一样的人类。

◉ 不要以任何方式助长他们对他人有害的态度。

◉ 与他们保持恰如其分的距离。

◉ 在评价他们时保持一定的谨慎。

我们已经看到，找到需求与自主之间的适当平衡是多么重要。在本书的第一章（"当矛盾情感介入时"这一部分中），前两个问题可以帮助您确定与X的关系需求状况，但它没有说明您与X的关系是情感关系还是工作关系。后面的几个问题更多的是关于情感关系或家庭关系的。

现在是时候关注一下我们的自主性了。正如我们所看到的，每个人的自主能力都不相同。然而，每个人都可以发展这种能力，但必须循序渐进。

依赖与独立

培养自主性的方法至关重要，然而在职场上和在情感中方法是不同的。

举个例子，根据我们迄今为止列举的标准，通过留意各种与之一致的迹象，最近，您发现自己和上司之间形成了一段有毒的关系。

以下是您应询问自己的几个问题

▸ 您有可能逃离这段关系吗？

▸ 您有可能调到另一个部门吗？

▸ 您能够以常规方式与雇主解除关系吗？

▸ 是否已经有猎头邀请您？

▸ 您是否很容易在另一个单位找到职位？

▸ 您是否渴望并有机会创建自己的企业？

▸ 您是否具备足够的经济能力？

▸ 您是否能获得失业补贴？

现在我们来讨论一段真正有毒的情感关系

▸ 您是否真的有可能结束这段关系？如果对方是您的配偶或某个家庭成员，那么：

▶ 您能否暂时远离对方(住在一个可靠的朋友家里)?

▶ 您是否计划彻底搬家?

▶ 您是否具备足够的经济能力?

▶ 您能否获得来自个人或银行的借款?

▶ 如果有必要, 是否有人能在您离开后照顾您的配偶、父母或孩子?

无论在以上哪种情况下, 如果对这些问题的回答都是否定的, 请您不要为此感到遗憾! 但是您必须以最恰当的方式处理与X的这段有毒的关系了。

如何处理有毒的关系?

首先, 不要独自面对这一困境。把您的心事倾诉给一个亲近而友善的朋友(不要向同事或家庭成员倾诉, 因为这会给您带来一定的风险)。

其次, 关注您的健康。要知道, 您已经陷入了一场心理持久战, 因此请尽量保持身体健康和精神健康。您的身体是一个强大的盟友, 不要忽视它。

最后, 有多个重要的"内心工具"可供您使用:

耐心

耐心是精神方面的, 它是一个由您决定是否给予自己的内心空间。事实上, 保持耐心的能力与您的时间观念——直线性的或周期性的——有关，还与您和对方之间维持的关系有关 (您可能认为这段关系是稀有的，或者相反，是泛泛之交)。

以下是一个练习，它可以帮助您了解自己是否有能力培养耐心：

> ▶ 想象您身体的某个部位 (头、腹部、腿……) 是一片广阔的空间。

> ▶ 想象它像湖面一样既光滑又平静。

> ▶ 想象一艘船正安静地按照自己的节奏在湖面上行驶，并在合适的时候靠岸。

这一切都流畅地、顺其自然地进行着。

这艘船代表您当前面临的挑战——最终跨越一段有毒的关系。您有能力为它提供到达港口所需的全部空间。

您应该清楚地知道，除了自己以外，任何人都不可能为您提供这个内心的空间。这既是您的自由选择，也是您的责任。在给予这个挑战所需的全部空间并且不限制它的同时，您会像一位仁慈的家长那样对待自己——温柔地倾注全部心血。

情感的表达

当然，想要完全表达出情感需要一定的努力，尤其是自我的努力。一旦这些情感借助身体宣泄出来，您将会有释放的快感，也会浑身充满力量。而您只需要给予自己"排出"的许可。在这种情况下该如何做呢?

▶ 您感觉到一种情感在心中升腾。

▶ 不要考虑它是否正当,确认它的存在即可。

▶ 不要压抑它,尽管这往往是您的第一反应。

如果您是独自一人,请锁上门,以防有人突然出现。

▶ 然后想象您是一个正在经历痛苦的小孩。

▶ 想象您内心中那个能接纳您这种情感的"好母亲"(参见"积极的养育型父母")。

如果您感到悲伤,请务必寻找它的根源。任凭热泪盈眶,尽情流泪,直至眼泪完全流干。

如果您感到愤怒,请务必寻找它的根源。握紧双拳(但不要咬紧牙关),大吼一声,同时鼓起您的下腹。反复这样做,直至重新获得平静。如果您很难大发雷霆,那么请回忆一个可憎的场景。

最后,深呼吸、微笑,如果可能,对着镜子微笑。

小确幸

奥斯卡·王尔德喜欢说:"简单的快乐是复杂的人最后的避难所。"然而我们都是"复杂的人",或者说是精神复杂的人。如果我们能意识到这一点,那么现在是时候给自己一点"小确幸"了。但是"小确幸"到底是指什么呢?

那是在您的感官占据主导地位之后出现的愉悦与宁静

相结合的时刻。事实上，正是借助了自己的感觉、智慧与想象力，您才有可能创造出这样惬意的生活，唯一需要添加的成分就是慢节奏。

以下是几个非常容易实现的想法，您可以跟随自己的意愿选择是否采纳。

嗅觉

花点时间去一家出售多种鲜花的花店逛逛。首先，站在花店门口感受鲜花的甜美清新。其次，找个店员为您介绍最香的鲜花。

闭上眼睛，慢慢地、一朵一朵地闻这些花，尝试记住它们的香气。根据您的灵感，仔细挑选自己想要的花束中的每一朵花。最后回到家里，把这束花插在花瓶里。闭上眼睛，把所有的花多闻几遍，直到您的脑海中出现这样的景象：一处风景、一种气氛、一座建筑、一幅画、一尊雕塑……接下来，您可以根据自己的感受给这束花起个名字。这就是您这位"嗅觉艺术家"的签名了！

味觉

慢慢地品尝一种您选择的成熟度刚好的时令水果，分以下几个步骤：

▶ 清洗水果，把它切成小块，放在一个盘子里，如果需要，可以用刀叉。

▶ 观察它的结构、它的果肉或感受它与舌头接触时的感觉；一边咀嚼，一边品尝它特别的味道，一口接着一口。

▶ 咽下之后，口中还留有一丝甘甜，您可以将它保留在记忆中，随心所欲地把它与另一样事物联系起来，比如白天的阳光、一阵突如其来的战栗、一位亲友的体贴、早晨在马路上擦肩而过的陌生人的微笑等。

触觉

在一个花园或公园里，选择一棵您喜欢的树。欣赏这棵巨大植物的和谐美，从庞大的根系到树叶的形状，还有它的高度和枝条的倾斜度。然后，把您的整个手掌贴在树皮上，保持十几分钟的接触，不要动，同时闭上眼睛：

▶ 感觉树干凹凸不平的质地。

▶ 想象树的汁液在树的内部流动。

▶ 感受这棵树散发出的与您交流的能量。

听觉

带上一个录音工具，自己独处一隅，避免被打扰。首先，集中精力深呼吸几次。开始录音，发出您想到的第一个声音，同时伸展双臂。其次，发出其他几个声音，然后开始哼唱您即兴创作的能表达此刻感受的曲调，哼唱五分钟。最后，停止录音、闭上眼睛，宽容地聆听自己的声音，仿佛那是一个孩子的声音。慢慢地，您会感觉到内心逐渐平静。如果您喜欢，可以继续这种做法。

视觉

请您找出内心隐藏的那个业余摄影师，用崭新的眼光重新探索您所在的城市。

把它当作您第一次发现的一片"未知的土地"，就像一位游客，带着自己的相机或手机(注意调至静音)到处游逛。

准备好沿着马路漫无目的地闲逛。事先不要查阅任何地图，避开主干道，拣小路走。

让交通信号灯为您指引方向：在十字路口，沿着面前绿灯指示的道路走。试着让自己处于沉思状态——请忘记昨天收到的税单，或您那位年老叔叔的精神状况，保持静默，尽力而为。

留心观察，抛开成见和可能唤起愉快或不愉快记忆的老路。

最后，运用您作为摄影师的特殊眼光，试着拍下在城市丑陋表面下隐藏的美丽和看似寻常的印记背后的不寻常之处。

您现在了解了在什么样的精神状态下可以根据需要创造自己的"小确幸"，不是吗？您甚至可以将它们编入一本《感恩手记》中，以便今后有机会的时候读一读。

知足常乐

当然，处理一段有毒的关系是有必要的，这种精神抵抗在日常生活中并不总是容易的。但是，什么也不能阻止您保持乐观的心态，放弃有毒的关系。您可以从已经拥有的一切中感到知足，即：

▶ 一个相对健康的身体。

▶ 一份可供您享用的充足而健康的食物。

▶ 一个整体上和平的国家。

▶ 一定程度的自由。

▶ 一份收入或一些补贴。

▶ 一位可以听您讲话的亲友。

▶ 一个让您享受当下的理由，即使它是微不足道的。

如前所述，您需要激活那个"积极养育型父母"的自我，这样才能成为自己的好伙伴。

几个世纪前，比西·拉布汀伯爵 (comte de Bussy-Rabutin) 在给他的表妹塞维尼夫人 (Mme de Sévigné) 的一封信中写道："如果我们得不到我们所爱的，就该爱我们所拥有的。"

不要向别人要求他无法给您的东西

另一种处理有毒关系的方式是直面自己的幻灭。阿尔弗莱·德·缪塞(Alfred de Musset)在谈到他笔下的一个人物时说过："他知道幻想是多么具有欺骗性，但他宁愿相信幻想，也不愿相信现实。"而我们呢，我们对那个无法与其维持一段健康关系的人的期待又是否恰当呢？

欺骗性的幻想

不是任何人天生就有维持一段令人满意的关系的能力，因为有些人的出身、教育背景和生活经历使他不一定能够与他人维持和谐的关系。

当然，我们无需为此感到遗憾或者事后去怪罪他人，这样做没有任何建设性。但我们有必要分析自己的行为，以便更快地结束这段有毒的关系，并在今后发展一段关系时更加警惕和负责任。

让我们厘清关系的红线，坦诚地向自己提出以下问题：

▶ 我是否缺乏对X的了解？

▶ 我是否仔细地询问过他的过去？

▶ 我是否想过他哪方面的价值让我无法割舍？

▶ 我是否就他行为中某个令人不安的方面询问过他周围的人（哪怕只是为了知道我们是不是唯一受到影响的人）？

▶ 如果他是我的配偶，我是否在尚不了解他底细的情况下过早地与他结合了？我是否将对方理想化了？我是否为了重组家庭而选择了相信他？

▶ 我是否忽略了某些预警信号？

▶ 我是否曾拒绝听从直觉的反复提醒？

▶ 我是否曾否认一些值得信任的人给予的某些警告？

▶ 我是否对X抱有过高或不恰当的期望？

▶ 我的愿望和生活方式是否真的与对方的匹配？

案例

帕特里夏苦涩的泪水

帕特里夏是一位40岁的褐发美女，她的生物钟转得有点慢。实际上，妇科医生刚刚告诉她，她的排卵周期变得更加不规律了。"这对于您这个年龄的女性来说很正常。"看到她的患者被吓呆了，医生赶紧补充道。作为一位自律且务实的女工程师，帕特里夏立即到一个著名的约会网站和一家婚介所注册了账号，想要尽快找到她未来孩子的爸爸。经过几次令人失望的见面和约会之后，帕特里夏与42岁的阿兰谈起了完美的恋爱。已经有一儿一女的阿兰不反对要第三个孩子，他在与帕特里夏第二次约会时就表达过这样的想法。再加上阿兰的敏感和体贴，帕特里夏真心认为自己选对了人。两个月后，为了迁就阿兰，帕特里夏甚至搬到他家里去住。只有一样，帕特里夏很少听阿兰说起他与前两任妻子所生的两个已经上大学的孩子，仅有的内容是抱怨他们所上私立大学的天价费用。另外，阿兰经常出差；他平时回来得很晚，而且因为过于疲劳无法与帕特里夏温存。而帕特里夏就像珀涅罗珀[1]一样，在等待中消磨时光，等待阿兰和第三个孩子。

在同居一年多并且四次孕检呈阴性之后，帕特里夏开始灰心丧气。对怀孕的渴望使她终于提醒阿兰他当初对自己做过承诺。

阿兰开始时是回避这一问题的，理由是他的职业境况越来越不确定，而且他没有告诉帕特里夏自己已经有三个月没支付孩子们的抚养费了。但是，面对帕特里夏的追问，他最终承认，他非常害怕自己会复制一个缺席、吝啬的父亲形象，因为他儿时就忍受着这样一个父亲。最后，在作出了"国王的选择"[2]之后，阿兰承认自己对现状已经相当满意了，尽管他真心爱他的新伴侣。

帕特里夏因为被欺骗和在阿兰身上浪费了宝贵的时间

1　荷马史诗《奥德赛》中奥德修斯忠贞的妻子。——译者注

2　指一对夫妻生育两个孩子（一男一女，且儿子在先），就像国王之家，既有王子又有公主，国王可以选择大儿子继承王位。这种家庭结构自17世纪以来被认为是一种理想的平衡状态。——译者注

而愤怒至极，她重新回到事务所工作。她还能享受到做母亲的喜悦吗？

有毒关系的"好处"

按理说，讨论这方面的好处可能令人震惊，我们继续一段有毒的关系能有什么好处呢？

然而，了解这种专属于自我的好处——大多数是无意识的——可以使我们真正从这样的关系中解脱，避免再次建立这样的关系。

因为，自我想要感觉到自己的存在并占据我们的生活舞台，尤其是社交舞台。所以，为了维持这个自我，我们被迫注重某些习惯，这些习惯往往基于一些消极的信仰，从而掩盖了真实的状况。每种习惯都有其优点，以下是其中三个例子。

受害状态

这个内心进程的特点是维持着受害者的状态，是"卡利梅罗"(Calimero)综合征。卡利梅罗，这只动画片里的黑色小鸡，头上顶着一块蛋壳，不停地说："这的确太不公平了！"

当我们成为受害者时，他人会重视我们，同情我们，甚至我们一定会被认为是个"好人"。因为从理论上讲，我们不能与"坏人"混为一谈。这很重要！

某些人不愿意放弃这种状态。另外，我们会发现有些人为了找到自己（身体上和精神上）受害者的感觉，甚至患上了身心疾病。

他们就这样禁锢着自己，仅靠药物通常无法拯救他们。

情感依赖

这个内心进程常见于女性，源于早年极度的情感缺失导致的过度的情感需求。

两种常见的情况

第一种，对孩子的情感依赖，尤其是对自己的孩子，通过试图给予孩子自己没有得到的一切来寻求"好处"。这种情感依赖会使她被赋予非常光荣的"好母亲"头衔，这对于自我是非常有利的。可惜，情感的缺失无法仅仅通过奉献来满足。她会认为，自己缺少什么，孩子就应该得到什么，然而她并没有考虑到孩子需求的特殊性。不仅如此，她还感觉自己有权从孩子那里要求"投资回报"，而这正是孩子不懂得如何给予她，或者不能够给予她的。这个进程会继续下去，直至孩子的青春期，甚至成年时期。

　　第二种，当情感依赖者面对一个反常自恋者时，她靠信念维持着，即相信自己无节制的爱是值得的，她因此是一个不同寻常的女人，甚至是一个圣女。只要她的个性中有一点受虐倾向，施虐者所带来的痛苦就会给她非常强烈的感受。在她的眼中，这也是一种"好处"。如果不接受心理治疗，这种"好处"可能会持续很久。

仰慕

　　通常是盲目而过分的仰慕。这一内心进程是与嫉妒相对应的两个心理动力之一。这种不健康的仰慕使仰慕者想要不断地超越自我，以达到其仰慕对象的高度，从而变成他亲近的人（最理想的情况是成为他最喜欢的人）。

　　仰慕的"好处"通常是使仰慕者达到这个目标。此外，培养这种难以平息的野心也会给他带来另一个"好处"，即相信自己有无可匹敌的能力，甚至可以在社会上平步青云。然而，事实是他所仰慕的那个人根本没有注意到他，甚至轻视他，于是这种看似值得称赞的野心就像气球一样被撒了气。在这种情况下，这个仰慕者就会变得对自己有毒。

　　通过这三种心理活动方式，我们可以发现思考"好处"

的概念是非常重要的。因为只要有人还不理解他们首先是自我部分的受害者，他们就无论如何都无法避免经历一段有毒的关系。

应得的尊重

可惜，经历一段有毒的关系常常会导致他人不尊重自己。许多人甚至会将您视为一个"怪物"或一个"可怜人"。

您犯错了吗？那又怎样？谁没犯过错？

您对自己的尊重是任何人在任何情况下都无法抢走的财富。正是这种自尊使您真正脱离有害的境遇。

因此，在没有自我膨胀的前提下，重要的是始终意识到自己的本质。对自己的正确认识可以帮助您赢得更多的尊重，并请强化这种尊重。请考虑培养自己的自尊！当一个人不尊重您时，您需要考虑多种情况，并采取相应的态度。

他不了解您或对您了解得很少

他对您的意见显然是来自零星的、片面的认知。因此，您没有任何理由认为他对您的看法是公正的。最好不要理会他，远离他，什么也别说。

他很了解您，但他不自觉地想与您保持距离

他十有八九是担心自己再次陷入这种状况。您对他而言就像一面镜子，但镜子反射的影像与真实的您毫无关系。因此不要理睬他的行为，也不要埋怨他，因为他的行为受到了无意识焦虑的影响。

请您保持冷静，让他讲话，但不要理会他说的话，同时观察他的恐惧是如何在其身体姿势中表现出来的（从眼睛到手，从下巴到脚）。您可以保持这种状态，这已经很好了。但是您也可以对他说："我可以理解你的感受，但就我而言，我会学着以最合适的方式来处理这种状况。"

他很了解您，但他想故意贬低您

这是一种可能伤害到您的攻击行为。

请您首先想一想自己的哪一部分受到了伤害。如果受伤的只是您的自我形象（您的社会表象、社交形象等），那么这还不是很严重，您可以在内心感谢这个人，这个不尊重您的人使您重新找到了自己非常重要的部分。

但如果这种不尊重揭开了您的自恋创伤，那么这个打击似乎要严重得多。然而，没有什么能阻止您去分析这个创伤至今仍能触动您的原因，从而认真地修复它。至于该如何反驳这个挑事者，请您避免在愤怒时立刻反驳他，这

样可能会伤害到自己。请您冷静一个晚上，第二天，当您心情平复后，可以更加客观地给这个人写封信，以便清楚地告诉他，您一点也不赞同他那令人不快的评语，而且您想知道是什么促使他作出这种评论的。这样，您就可以让他说出你们之间存在的某个可能的问题或隐情。在信的结尾，您可以请他今后做一个友善的、负责任的人，如果他不想为自己建立有毒关系的话。看他还有什么可说的！

如此这般，您既表达了对自己的尊重，又表达了自己处理这段关系的严肃态度。

不再做他人欺骗的对象

这部分是关于如何处理与反常自恋者的关系的。正如前文所述，这种关系的毒性程度很可能是最高的。因此，应优先考虑逃离。

可惜，我们不一定能够立即逃离，因此需要在一段时间内承受得住打击。

为了防止您在反常自恋者一直以来主导的"骗局"中越陷越深，我们将提供以下几点建议：

▶ 首先，尽可能奉行预防原则：尽量减少书面或视频交流。

▶避免单独与此人相处。反常自恋者总是试图孤立他的受害者，以便更好地操控她。如果是这种情况，请让他以为您的手机在口袋里振动，并在他离开房间时，与·个想象中的对话者展开一场重要的谈话。

▶如果您不凑巧遇见了他，请您直视他的眼睛，同时露出平静的微笑，或者以任意一种方式忙于另一件事而心不在焉地听他说话，甚至让他重复说过的话。

▶始终对他的言语表示怀疑，如果可能，用一个确切的证据来反驳他的谎言。抵抗他的谎言最好方式是您的实事求是。为此，请您不要回应他的任何暗示，因为他太喜欢暗示了，最好对此充耳不闻。如果他触碰了某个敏感的话题，请您深呼吸，但什么也不要说。

▶对他说他是一个反常自恋者是没有用的，因为他会否认。而且，他或许会利用这一点来贬低您，并强调您在这方面的无知。

▶以其人之道还治其人之身。根据聪明反被聪明误的原则，您可以把他用在您身上的虚情假意同样用在他身上。因为他经常这样做，受到同样对待时他也会感到很尴尬。这样您就微妙地扳回了一局。您也可以先奉承他，几分钟后再指责他。

反常自恋者讨厌人们用他的把戏揭下他的面具。这种时候，您一定要当心，因为他可能会采取某种暴力行动。如果他保持着高傲的平静，那么说明您遇到了厉害的对手，他已经从别人那领教过这一手了。

▶ 如果因为工作原因您不得不与他单独见面，那么请您认真准备。与一位心理辅导员模拟这次见面，让辅导员扮演这个试图扰乱您的操控者的角色。然后，根据辅导员对您做出的反应，制定一个策略。这样在您与他见面的那天，您会更加镇定。

▶ 在职场上，您也可以到人力资源部举报此人的行为。劳动法和精神骚扰方面的法律原则上会站在您这边的，当然前提是您收集了相关的证据(邮件、录音等)。

▶ 最重要的是您要重视自己的自尊：您的价值、能力、软技能，以及其他对您而言真正的、有建设性的关系，这些都是自尊的构成要素。长远来看，这种方式无疑会使您成为最终的赢家!

避免自导自演

如前所述，面对一段有毒的关系，最重要的是要找到内心的平静。为此，请您避免让自己的"精神切菜机"运转，它倾向于设定多少有些错误的假设，从而引发巨大的恐惧、愤怒。

我们需要知道，因这种错误的评判而导致的误会会大大增强一段关系的毒性。因此，请您不要让"千里之堤溃于蚁穴"。

以下是这方面的三个建议：

▶ 千万当心虚拟通信工具：手机短信和其他电子邮件。它们有时会成为陷阱，因为它们经常导致错误的解读。

因此，在表明意见之前，首先确认您已经准确地理解了对方的信息内容，您可以选择直接与他联系或者给他打电话。他的声音、表情和动作会给您关于他真实想法的一些明确提示，要有策略地逐一击破。其次，重新提出您认为不清楚的点，要求对方给予明确的解释。

▶ 像躲避瘟疫一样抛弃您的成见和对其他文化的偏见，不要使用诸如"科西嘉人就是这样""巴黎人就是那样"之类的言论。请您参考本书第32页的"生活态度表"，试着分析您为什么拥有"我好/你差"或"我差/你好"的生活态度。

认真寻找内心深处的自己，要相信自己有办法找回"我好/你好"的生活态度。

▶ 定期进行冥想训练。这是一个很有用的方法。首先，它可以使您更好地了解自己的精神状态，尤其当您的精神过度活跃时；其次，它可以使您正确地看待自己的精神状态。您的看法会因此变得更加清晰、客观。

当然，这需要一点毅力和对自己的仁慈——没有付出就没有收获！如果您每天都认真训练，三周后，您的努力将得到回报，您会发现冥想的具体好处。

保持距离但不断绝关系

这种方法看上去可能有些矛盾。但是，当有毒的关系受血缘支配时，这种方法是可取的。因为，有时候在您的亲人和自己之间留出一定的空间（暂时的有形空间）是至关重要的。

两种情况

这种方法有用甚至必不可少，尤其在以下两种情况下：在一次遗产继承的处理过程中或之后（尤其当这个继承关系比较复杂且难以处理时），在一次心理治疗的过程中。

我们经常可以看到，在第一次拜访公证人之后，家庭关系会变得紧张，尤其是兄弟姊妹之间，因为丧事的进程才刚刚开始，童年时的剧情往往会重新上演。

在表达了丧失亲人的悲伤之后，其他强烈的情感，比如愤怒（往往与失望相关）、恐惧（与缺失相关）、嫉妒，会意外地突然出现。这些情绪与金钱和财产（比如一处房产）的关系被暴露无遗。尽管感情被放在第一位，但更重要的是，通过公证人这个传达遗嘱的代理人能够最大程度地解决物质问题，毕竟调解也是公证人的职责之一。常言说得好，"口说无凭，立字为据"，各种类型的信函需要优先考虑被使用，尤其可用于做出共同决定的那些。另外，遗嘱执行权的公正分配也很重要，这要依据每个人的意愿和能力。有的人擅长挑选和整理逝者的遗物，有的人擅长做行政和财务，还有的人则擅长管理不动产或艺术作品。为了使交流真正透明，最重要的是将有关程序的进度书面通知所有继承人。

保持距离，尤其是身体距离，可以有效预防自身遭受具有伤害性的语言或身体暴力。要知道，我们现在谈论的是一种使关系毒性最小化的方法。

在一次心理治疗的过程中，患者经常与心理医生一起探讨他与父亲或母亲（有时是父母二人），或者与兄弟姊妹中的一人或多人之间有毒关系的根源。在这个治疗阶段，患者往往被引导回顾童年时的一些关键时刻，以便理解和跨越它们。这表现为患者时而强烈的情感表达，比如生气或狂怒，掺杂着恐惧或抑郁的悲伤。因此，患者应该在一段时间内避免与上述亲人见面。

这种保持距离以进行冷静沟通的正当需求，对于拯救并在新的基础上继续这段亲情关系是至关重要的。这不等于要将正在进行的治疗过程公之于众（当然这个过程必须保密），而是要找到合适的话语来宣布保持距离的必要性，无需说明具体期限。当事人的亲人可能会觉得难过，但至少会明白，现在的痛苦是为了将来的好，而且从理论上讲，是为了将来更好。

当事人的亲人有责任理解这一点，但他们也可能不理解。保持距离是对有毒关系导致的创伤所应该付出的代价。因此，应该使患者学会放手，让他自己处理这段关系，但不要让他有负罪感，不要让他预判未来。他的心理医生需要在一旁提供帮助。

改变自己：怎么做？和谁一起？

当然，改变自己可以独自进行，但这需要具备适当的能力（见本书结尾的参考书目），而且要一直勤奋地进行冥想训练——一种自我分析的形式。

▶针对工作关系，建议您找一位隶属于国内或国际联合会的团建教练，您可能会从雇主那里得到一定的支持。

▶针对情感关系，我们建议您最好咨询一位心理医生——心理治疗师、心理分析师或精神科医生（如果需要医疗处方的话）。

在以上两种情况下，为了选择您信得过的专业人士，请确认以下几件事：

▶确认他的专业水平。

▶询问他的职称，必要时询问他的诊疗方法。

▶一定要确认第一次治疗时无需您做出后续治疗的承诺（但这并不意味着这次治疗是免费的）。

▶在第一次诊疗的过程中或结束后想一想，您与这位医生在一起时是否很自在，他的专业技能是否适合您，包括他倾听的质量、态度的中立性、对您的共情程度，以及他的开放和亲切程度。

▶最后，您可以多咨询几位不同学科和性别的专业人士（最好是心理医生）。

建议：不要局限于寻找离您的住所或工作地点最近的心理诊所，因为在治疗之前和之后的这段路程也很宝贵，它可以成为一个"准备和消化的减压室"。

如何跨越

有毒的关系？

能够彻底摆脱一段有毒的关系往往是一项壮举。这的确值得赞赏！但是之后该怎么办呢？

曾经在几年内违心地维持着一段有毒的关系，这会不可避免地留下些许痕迹，有时甚至是后遗症。这是为获得自由而付出的代价。

开始时，很少有人会有愉快的感觉。一想到自己遭到背叛就恶心的感觉大概率会出现。各种质疑折磨着精神："为什么会是他（或她）？关键是，为什么会是我？"

通过认真阅读前文，您或许已经明白，这段关系不是偶然建立的。一些心理机制在不同的主角身上发挥了作用，而且我们已经回顾了其中最常见的几个。

您自己的某个部分随着这段关系被毁灭了。当然，您可能看淡得失，不做深究："毕竟，这只是生命中的诸多经历之一。"

但是，或许您也很重视借此机会发现自身的问题。正如前文所述，这不一定是"有益"的。正如大自然一样，灵魂也讨厌空虚，您应该为这段关系找到一个替代品。这可能需要借助心理治疗获得真正意义上的解毒治疗。完全的、绝对的自由可能需要付出这样的代价。

自由的代价

有三种简单的、立竿见影的方式可以使您的心灵得到真正的解脱，从而让您重新获得自由：

- ▶ 意识到身体的忠实性。

- ▶ 此时此地，自得其乐。

- ▶ 盘点自己仍然完好无损的内在资源。

您的身体是您最好的盟友

您的器官分秒不停地运转着，请您花几分钟时间感受一下自己的器官是如何工作的：

- ▶ 每二十四小时更新一次的微小细胞。

- ▶ 在您的胸腔里有规律跳动的心脏。

- ▶ 能够将（几乎）每一种吸收的食物都根据其特有的性质（糖、脂肪、纤维……）进行转化的消化器官。

- ▶ 熟练地过滤垃圾的泌尿器官。

- ▶ 两个大脑半球，其突触借助大脑的神经可塑性，几乎可以无限发育！

还不算太差，是吧？这张清单交给您补充完整。那么请您享受这些好处并关照自己的身体，把它视为一个伴侣，一个真正的盟友！

为什么要自得其乐？

因为您值得为自己的勇敢得到奖赏！

请您振作起来，关注一些真正对您有益的人和活动。

您给予自己的这份安慰是非常重要的，它是一味解毒剂，能解除您刚中的毒。您可以毫不犹豫地举办一个小小的宴会来庆祝这个时刻，为了一个只有您自己知道的原因。

列出自己的内在品质

以下是操作过程：

▶ 请您诚实地列出一张关于自己内在品质的清单，把您的自我理想型放在一边。

▶ 询问您身边善意的好友，甚至某些亲戚(这并非没有风险)，但不要询问您的配偶。

▶ 然后询问您的竞争对手，您可能会惊讶于他们回答的公正性！

▶ 两相印证，以便得到一份可靠的清单。

您也可以创建一个私人"护身符"，以便在未来将自己置于它的保护之下，避免再次陷入同样的痛苦中。另外，如果您不喜欢祈祷，为什么不创造一套对自己有意义的表达方式呢？

　▶想象一种象征力量的植物或动物，您与它之间要有某些相似之处。

　▶然后创立一个短期的、积极的愿望，包含刚刚选择的植物或动物的特性，比如"愿赋予我如芦苇般柔韧的抵抗力""愿我有猛虎般强大的坚定意志"。

　▶每当您与某人在一起感觉不舒服时（尤其当您不知道原因时），在脑海中说出这个愿望。

自主，就是互相依赖

当我们从一段关系中走出来时，我们会感觉如释重负，因为我们在某种意义上重新获得了自主权。希腊语中，auto意为自己的，nomos意为规则，所以autonomie（自主）就是懂得按照自己的规则独立管理自己。

这个定义有些模棱两可，因为没有人能完全自给自足地活着。事实上，人类不存在完全的自主：我们与环境和他人之间都是互相依赖的，从而满足我们的生理和心理需求。

如何提高自主程度?

自主程度是可以提高的。这需要我们让自己与他人的关系向着更安全、更自由的方向发展，需要我们在一个被外部法则限定的复杂环境中找到正确的位置。这是一个始终在变化的个人成长进程。

自主总是在与他人的关系中相对地获得。

以下为不同程度的自主:依赖、反依赖、独立和相互依赖。

依赖

依赖，尤其在情感方面，自主程度为零。我们已经看到，它一定出现在由一个主角控制另一个主角的关系中。

在自我状态方面，依赖者被困在"顺从的儿童"的立场中，因为操纵者的不允许而无法回到"成年人"的立场。操纵者处于消极的"规范型父母"的立场 _(见第21页)。

反依赖

在有毒关系的背景下，反依赖出现在使受控制的主角觉悟的一件事或一种状况中。逐渐地，受控制的主角进入了摆脱控制的进程，就像一个叛逆的少年那样，想找回已经被破坏的认同感。

在自我状态方面，反依赖者会在"成年人"状态和"反抗的儿童"状态之间摇摆，因为通常老练的操纵者会使他在第二种状态下维持一段时间。

独立

在有毒关系的背景下，独立出现在受控制的主角承担起自己的责任并重新完全对自己负责时。

在自我状态方面，他将接受"成年人"的状态，成为积极的"规范型父母"和"养育型父母"。操纵者再也无法控制他，关系的毒性也将消失。

然而，这个曾经受控制的主角会倾向于变得以自我为中心，但他不一定能意识到这一点。

相互依赖

在这一状态下，这个主角仍然需要获得一定程度的自主：相互依赖的自主。

这个曾经受控制的人应学会在依赖和独立之间的"钢丝上玩杂耍"。因为如果他想建立一段新的关系——健康的关系，他就需要向对方表明自己符合对方的需求，因此他需要以最低限度的依赖性建立这段关系。

他还应真正地独立于另一个主角，以便维护自己的自由和对方的自由。因此，这种"杂耍"是在接受与退缩之间不断进行调整。这种调整需要很长时间，某些人甚至一生都在调整。

以下是自主的循环示意图：

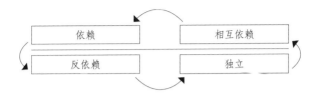

我们注意到，从一个阶段向另一个阶段过渡会导致人们放弃一些特定的东西。

▶ 从依赖向反依赖过渡：放弃被照顾（因此放弃被操纵），以获得自我肯定。

▶ 从反依赖向独立过渡：放弃对操纵者的顺从，以获得自由。

▶ 从独立向相互依赖过渡：放弃自己的"高姿态"，以转向平等。

▶ 从相互依赖向依赖过渡（如有必要）：在准确洞察现状的基础上回到被理解、被接受的依赖状态，前提是已经确认过与我们交往的人的情况。

只有意识到并理解了自己的行为和对方的行为，我们才能通过放手的内在进程从一个阶段过渡到另一个阶段。

因此，您有必要在走出一段有毒的关系时做个小结，以便了解自己的真实处境，尤其当您处于"独立"或"相互依赖"的阶段时。

注意：在同一段关系，尤其是一段长久的关系中，一个主角完全有可能在关系的不同时期，或在遭遇不同事件时处于不同的自主程度。

您不会再上当了！

现在您已经下定决心不要被一段有毒的关系所欺骗了，我们理解您！然而，正如前文所述，您是否有可能再经历一段有毒的关系，这在很大程度上取决于您自己。

如果出现以下情况，这种可能性就会增加，您将处于危险的境地：

▶ 您没有从刚刚经历的那段有毒的关系中吸取教训。

▶ 您相信下一次的邂逅会对自己更有利。

▶ 您没有培养真正的对他人的辨别力。

我们现在讨论前两点，第三点将在下一部分讨论。

请您向自己提出以下问题，并花点时间认真回答这些问题。

▶ 有毒的关系是在哪个领域建立起来的（友情、爱情、职场）？如果是爱情方面，您是否与对方发生了性关系？

▸ 您最初是出于什么重要的原因对这段关系产生了信任？

▸ 这段关系在哪个方面对你们是有毒的？

▸ 在这段关系中，您所经历的最难以忍受的状况是什么？

▸ 您认为——不要有负罪感——自己在这段有毒的关系中负有怎样的责任？

▸ 您是出于什么原因并以什么方式来维持这段关系的？

▸ 您是如何落入这段关系的陷阱的？在哪个阶段？

▸ 您认为这段关系与您之前的一段关系（有毒的或无毒的）之间有什么联系？

▸ 您没有足够尊重自己的哪个部分？

▸ 您是否从此意识到什么是自尊？

▸ 您是否有意马上在这方面改变自己？

▸ 您是否认为，有毒的或无毒的关系都只取决于形势？

▸ 如果您不假思索地任凭一段新的关系开始，您认为会发生什么？

▸ 您是否能决定在未来采用哪种行为准则？

▸ 如果是，请您具体描述它。

培养辨别力

辨别力是一种专门用于进入戒备状态的自我警惕。培养辨别力并不意味着您应该进入一个有点明显的怀疑进程，那样会显得您太过于看重刚刚被自己摆脱的有毒关系所激活的恐惧感了。它的作用只是当生命在您的前进道路上安排了一段新的邂逅时帮您区分良莠。

辨别力很少是天生的能力，它是后天习得的。有两种好用的"工具"——回顾分析和直觉——可以帮您获得它。

回顾分析

首先，列出一张清单，写出您心目中一段成功的关系需要具备的五条主要标准。

其次，在您过去和现在的生活中找找看，您所拥有的关系是否符合这些标准。

▶ 如果有的关系不符合其中任何一条标准，那么明智的做法是找一位关系方面的专业人士帮您找到原因。

▶ 如果有的关系符合其中几条标准，那么请您试着回忆一下您遇到对方时的情形和最初几次交往的片段。这些不同的关系之间一定有某些共同点。将它们列出来，并且从中得出结论。

直觉

直觉在我们大脑右半球的神经元处被激活，它是一种微妙的智力形式，也是一种增长认识的原始手段。

任何人都拥有直觉，即使它在每个人身上的表现形式不同。如果您学会恰如其分地倾听直觉，它就会变成强大的盟友，可以把您带到比预想远得多的地方。我们之所以提到"恰如其分"，是为了帮助您在关系方面做出重要的选择。

需知

跟着直觉走

通过一个专业辅导员的帮助，假设您现在已经做好了充分准备，并且完全有信心面对某个大型企业的招聘面试了。

当到达大堂时，您受到热情接待，但突然感到一阵轻微的头疼。随后，当您向前台小姐介绍自己时，她朝您微笑却念错了您的姓。

然后，他们让您在等候室里耐心等待。您看到桌子上有一份专业期刊，上面有一个醒目的标题——"一场并购背后的故事"。终于，招聘人员接待了您，一切都进展得十分顺利，但从大堂出来时，有人不小心撞到了您。您回到了家，有些不知所措。

几天后，您通过媒体得知应聘的那家企业的直接竞争对手进入司法清算的消息。于是您决定跟着直觉走，找清算单位打听了一下：接管方不是别家，正是您应聘的那家企业。令人困扰，不是吗？之后他们通知您，您进入了最后一轮面试。于是，您面临选择，如果您没有跟着直觉走，就不会遇到这种选择：您可以决定继续应聘，或者放弃应聘。这就是直觉的基本作用：帮助您在真正对您有意义的事情上找到方向。在这种情况下，我们应该取"sens"这个词的双重含义："方向"和"意义"。

一些著名的科学家正是在一个出乎意料且并不十分合理的方向上遵从了他们的直觉继续探索，才偶然地获得了重大发现。

尽管您不像这些科学家一样熟悉这种直觉联系，但是您也完全可以发展它。

如何做才能发展自己的直觉？

首先，我们需要接受这样一个观点，即我们有时会表现得"思想狭隘"，而一个给定事件发生的原因并不总是符合我们的逻辑。生活比我们的想象更丰富，因为我们平均只用了大脑能力的百分之十。

其次，您应该把直觉看作一种需要经常训练的肌肉。正如所有的运动一样，您的耐心会起到很大的作用。然而，如果您懂得为自己创造一种放松而聚精会神的状态，这种训练将更加有效。因为，只有当您足够平静和放松，能够捕捉到直觉发送给您的所有信号时，直觉才能充分发挥作用。因此，您需要经常以足够深入和恰当的方式放松自己。最简单的方法是利用瑜伽调息法，经常专心练习完全式呼吸 (胸式+腹式)。

至于聚精会神，您可以按非常实用的方法进行日常练习。请一个人在不透明的信封下面放三张牌，然后您试着猜猜它们是什么牌。每天重复这个操作，一连重复几个星期，认真记录您的猜想结果，您会看到自己的预测越来越准确。然后，关注突然的、无法解释的身体表现：正如我们所见，身体会带给我们关于正在发生的某个事件的准确指示。

当您将要与一个您看重的新人建立关系时，您会以更加敏锐的眼光看待他：他释放出的能量、使用的词语，以及他的肢体语言……

您会更清楚地感觉到自己对他的信任和共情程度。

另外，您会想一开始就对他提出恰当的问题，以细化您的分析。尤其要确认他是处于"索取"还是"给予"的立场上。然后，在了解完全部情况之后，您需要决定是否进一步发展这段关系。

最后，请您思考这种所谓的同步性，即荣格定义的"有意义的巧合"，并试着按照最符合您的利益或对方利益的方式来解释它们。

需知

关于同步性

在瑞士精神病学家卡尔·古斯塔夫·荣格（Carl Gustav Jung）发展的精神分析疗法中，同步性是指两个或多个没有因果关系的事件同时发生，但是其关联性对于感知它们的人来说是有某种意义的。

苍天不负苦心人

这一部分也可以采用另一个不错的标题："不要着急！"因为，跨越一段有毒的关系并不意味着应该立即投入到新的交往中，无论是为了弥补感情的创伤，还是为了对自己的交往能力放心。简而言之，我们不应该在落马后过快地重新上马。重要的是冷静一段时间，借此机会创造一个"减压室"，尤其当有毒的关系是朋友关系或情侣关系时。

正确的态度

正确的态度主要是指：

▶ 关注安全性，即靠得住的关系。

▶ 保留一定的独处空间。

这些态度不是互相矛盾的，而是相得益彰的。

靠得住的关系

靠得住的关系是指一些随着时间推移（至少好几年）可以得到验证的可靠的关系。您可以亲近这些人，他们会在您需要的时候出现，不会对您品头论足，而且与您拥有同样的价值观。

您需要列出与您保持这种关系的人的名单。如果名单上超过十个人，说明您判断有误，过于轻信他人了。列出的名单对于分析您最近这段有毒的关系，也有一定的指导意义。

与这些亲人或朋友接触时，您会感到安心，甚至会重新获得失去的东西——信任和自尊。您可以用最诚恳的态度向他们讲述那段有毒的关系，并从他们那里得到一些意见。他们越了解您，给您的意见就越宝贵。

坦然独处是必要的和有益的

哲学家安德烈·孔特-斯蓬维尔（André Comte-Sponville）写道："孤独始终不在社会那一边，而是在它本身和我们这一边……很多情况下，我们既独自一人，又都在一起……任何真正的勇气，任何真正的爱，即使是为了服务社会，也都必然需要这种清醒的自我关系，我称之为孤独。"

重新面对自己，对于跨越一段有毒的关系是不可或缺的。但坦然独处的确是一门艺术，它需要我们关照自己的精神和身体两个方面。因此，我们需要根据自己的兴趣合理地选择体育、艺术和精神方面的活动。

实际上，当我们真正坦然地面对自己的孤独时，我们会逐渐达到某种情感上的宁静状态。我们变得对自己苛刻，因此很自然地会更好地处理自己与他人的关系，因为我们已经学会了与自己的各个部分相处。

安德烈·孔特-斯蓬维尔还写道："孤独不是拒绝他人，相反，它是接受他人，是把他人当作他人（而不是一个附属品、一个工具或一个私人物品！）来接受，正因如此，爱情的真实面目就是孤独。"

由此，我们走上了创造新型关系的正确道路。如果我们充分考虑他人的独特性，就像考虑自己的独特性一样，那么不同的动力就产生了：人类社会就像一幅巨大的拼图，其中各个小片的排列变得更加令人着迷。我们因此能够吸引其他类型的人，并且一开始就能与他们建立更真实的关系。

请不要犹豫，放空一段时间，您将很有可能收获耐心的果实。

有毒的亲密关系

如果亲密关系在很大程度上牵扯我们的情感——有时是很长一段时间，那么当这段关系变得有毒时，我们往往很难只抛弃这段关系中伤害性、甚至破坏性的成分，而继续保持联系。那么在某种情况下，双方都应该放手。

让我们面对现实：在亲密关系领域，我们的无意识支配着我们，它借助一种复杂难辨的秘术侵占了我们的思想，甚至欺骗了我们。

因此，我们应尽量谨慎地小步前进，就像走钢丝的杂技演员那样。只有在动荡的情感、闪电般的顿悟、毅然决然的放弃，甚至或多或少知道原因的躯体化作用下，开启改变之路的意识才能被唤醒。

在这种情况下，深思熟虑的人一个顶两个。因为摆脱一种深入心灵的毒性，需要彻底放手。这无关乐观主义或悲观主义，而是要运用我们灵魂的全部力量来坚定意志。此时，谦卑和恒心是不可缺少的两个盟友。

而且，在亲密关系领域，孤独是一个不称职的顾问，不恰当的支持也是。强烈推荐您找一个既有同理心又有能力的心理医生——可惜这两个优点往往不能兼备——来帮助您结束一段有毒的亲密关系。

请您放心：您如果是真诚的，而且完全掌握了这些方法，您就会成功。但每个人达到目标所用的时间长短不同。

母亲与孩子的关系

关系毒性的概念主要与两个主角在交流上的严重不平衡相关。孩子只能依赖于母亲，因此他从出生之初就受到母亲的影响。

一个"足够好的母亲"

"足够好的母亲"完全能意识到孩子对自己的强烈依赖，尤其在情感方面。即便如此，她也不会滥用自己作为母亲的权力，也就是说，她不会玩"不够"_{（缺位）}或"过多"_{（过度控制）}的把戏。她足够成熟，能够给予孩子恰当的关怀，理解和满足孩子的特殊需求，同时对孩子表现出不求回报的奉献精神。毕竟，孩子自己没有要求出生，至少不一定要求在他出生时的条件下出生。

然而，与人们长期以来公认的观点相反，母性的本能并不是天生的。

不是每个女性都自动拥有成为母亲的意愿，无论是足够好的还是不够好的母亲。没有意愿的女性，或者因为她不认为自身处在足以生孩子的安全状态，或者因为她还不够成熟，又或者因为她意识到自己生命的独特性需要去经历生育以外的其他事情。当然，这三种情况也可能兼而有之。

自身安全的挑战

这通常是指:

▶ 缺少能让她和孩子体面生活的足够的定期收入。

▶ 缺乏社会支持。

▶ 往往因离群或弃世而导致情感缺失。

▶ 文化和教育的严重缺失。

▶ 缺乏足以承担将要出生的孩子的教育义务的保护性陪伴者 (这个因素不一定在考虑之列)。

不够成熟

往往对应以下情况:

▶ 过早的初产年龄 (未成年)。

▶ 知识和自尊的严重缺失。

▶ 童年时有过心理创伤或痛苦的社会经历。

▶ 与父母的关系不和谐甚至有冲突，而且没有通过心理治疗解决问题。

存在的独特性

包括以下情况:

▶ 渴望献身于一项艺术或体育事业。

▶ 从事要求立下必须遵守誓愿的宗教职业。

▶ 已声明对冒险和探索，以及几乎不受约束的活动的爱好。

如果母职出现在上述一种甚至多种情况之中，那么在母亲与孩子的关系中很可能出现比较明显的关系毒性。

孩子的需求是什么？

正如我们在第一章所述，"足够好的母亲"这个概念是由儿童精神病学家唐纳德·温尼科特提出的，"足够好的母亲"通过眼睛和身体的接触看顾着她的宝贝。这意味着她把孩子视为一个独一无二的、没有防御能力的人。因为婴儿天生需要被认真对待并被看作他自己，即一个有感觉、有表达能力且有感情的人。

因此，母亲应该尽量不去考虑自己的期待、梦想和焦虑。如果母亲焦虑，孩子在母亲的目光中只能看到苦恼，而不是自己的形象。从那以后，他就失去了一面镜子，而且可能会终其一生徒劳地寻找它。最初的亲密关系如果没有建立起来，以后将再也无法弥补。这会使许多事情变得不可能，而这与孩子的心理弹性程度无关。

当母亲试图先满足自己未满足的愿望而不是孩子的愿望时，这段关系对孩子而言就变得有毒了。

孩子将不确定是否真的能够依靠母亲，尤其当母亲没有给予他能够安静地体会自己感觉和感情的空间时。

致病的母亲

心理诊所里的患者很多都有一个因为抑郁而变得"不安全"的母亲，她把孩子看作自己的所有物，尤其是对她的第一个孩子或仅有的孩子。在这些患者当中，许多人有很深的空虚感，甚至抑郁症，因为他们突然感觉已经无法塑造一个自我的理想形象了。另外，他们完全无视自己的需求，因为他们被迫首先满足母亲的需求，以便保住她的爱——没有母亲的爱，任何孩子都活不下去。

某些缺乏安全感的父母把自己的孩子当作一个柔弱的存在——在他身边，他们可以感觉到自己的强大。没有意识到这一点的他们对孩子表现出侮辱和轻视的态度，同时不承认孩子的需求，还无缘无故令孩子失望。无能为力的孩子给了"大人"用恐惧操纵他的可能性。这些承受着痛苦的孩子长大成人后，如果未能通过治疗对有占有欲的、专制的母亲表达出恰当的愤怒，那么他们往往会落入邪恶的操纵者的魔掌中。

然而，我们要明白，致病的母亲不是坏人，她们只是处于有需求的状态，正在寻求一个能供她支配的人。而孩子是可供她支配的，因为他没有能力不告而别，就像他的外祖母当年对他的母亲所做的那样。因此，这个母亲对她的孩子的抚养方式可能是使他变成她所希望的样子。

正如我们所见，童年痛苦的链条往往是代代相传的。

这些致病的母亲在自己童年时采用的许多防御机制变成她对下一代侮辱的根源。这些侮辱包括：

► 否定（她自己的痛苦）。

► 合理化（"我欠我的孩子一种良好的教育"）。

► 情感转移（"伤害我的不是母亲，而是我的孩子"）。

► 理想化（"我父亲的打骂对我有好处"）。

► 通过主动行为来逆转被动痛苦的机制（"不应该让一个孩子来教训我"）。

但是，当孩子出现以下情形时，母亲和孩子的关系同样是有毒的，甚至毒性更严重：

► 孩子是一对很不和睦的夫妻的产物，他象征着他们婚姻的失败。

► 孩子不是她想要的（过早怀孕，已有很多孩子的情况下又生了一个）。

► 孩子有母亲无法接受的"缺陷"（不一定是身体或智力方面的）。

在这些情形中，有毒的失衡关系会影响孩子缺失的那个方面。

应对母亲和孩子之间存在的关系毒性的措施

母亲方面

首先确认，作为女性，除了生孩子这个完全正当的愿望之外，您是否还有这样一个丰满而完整的愿望，即成为一个母亲，最好是"足够好的母亲"。我们要讲清楚，这不是让所有女性都有负罪感，因为完美的母亲是不存在的。这主要是为了诚实地——不只是在卧室中独处时——问自己是否有做母亲的意愿。

我们可以看到，21世纪初在西方，我们似乎还有余力来保护人类这一物种。因此，如果有人内心不希望成为母亲，那么她没有任何绝对义务去生孩子。

如果一个人经历了与自己母亲的有毒关系，而她又有着做母亲的意愿，那么心理治疗就十分必要了。如果不治疗，就很有可能在代代相传的痛苦链条上无意识地延续。很显然，心理治疗不是一条田园牧歌式的道路，但如果您有要孩子的愿望，尤其是得到一个爱孩子并擅长教育的未来父亲的支持，那么这项治疗工作就确实值得完成。

孩子方面

如果孩子未成年，那么您需要认真考虑向一位儿童精神病科医生咨询或接受一次家庭心理治疗。

如果孩子已成年：

▶始终牢记：一个致病的母亲的孩子所付出的代价往往源于这个母亲从前遭受的虐待。

▶永远不要为了实现他人，尤其是自己母亲的愿望调整自己的行为或计划，因为我们只能是我们自己，也就是说，我们是独一无二的。

▶有勇气承认与自己童年的痛苦相关的令人不快的情感，并在优质的心理治疗师的陪伴下逐渐接纳这些情感。

▶放弃在短期内与一个致病的母亲进行真正情感交流的想法，尤其当她只希望自己孩子的行为符合她的愿望时。

▶避免仅仅因为社会或宗教信仰的要求而原谅一个致病的母亲，从而达到正当地摆脱她所带来的痛苦的目的。因为只有当这个"虐待"孩子的母亲真正意识到自己的错误而有所触动，并最终承认了她从前带给孩子的痛苦（即使是无意识地），且要求孩子原谅时，孩子才可以真正原谅她。只有此刻，这种原谅在心理上才是有效的。

实际上，原谅是一种非常重要的具有象征意义的决定仪式，但它应绝对平等地属于一段关系中的两个主角。

案例

伊丽莎白和她的儿子本杰明：一个人造天堂

伊丽莎白——54岁，优雅的大资产阶级女性、家庭主妇——最近到诊所问诊。她已经接受过一位弗洛伊德派心理治疗师的心理分析，但这位治疗师突发心脏病去世，她也因治疗突然中断而不知所措。几个月后，她鼓起勇气想要找另一学派的心理医生继续治疗。她长期受到失眠的折磨，因为她与自己17岁的独生子本杰明之间已经严重不和好几年了。

在第一次治疗过程中，她意识到自己对儿子实施了控制，这源于她对失去的恐惧，所以她总是缠着儿子，并与儿子建立了一种独占关系。当她第一次来咨询时，她完全意识到自己为获得儿子的关注和爱而实施了情感勒索。此外，她的丈夫总是出差，渐渐抛弃了她，但她从未拿到他出轨的确切证据。在随后的几次治疗中，伊丽莎白明白了，她小时候曾因为不讨父母喜欢而困扰。她是独生女，作为一名优秀的学生，她总是渴望获得最高的分数。那时她最希望的是父母能给予她更多的关注。她的父母深爱着对方，是著名的人道主义战士，他们全身心扑在自己的战斗中无法分身。

她后来向我透露了从来不敢向任何人承认的一件事。

大学时代，为了熬夜学习以通过法律考试，她曾服用过可卡因。一天，她的父母出国不在家，她因为过量服用可卡因被送往医院。她的父母知道后大发雷霆，因为他们的名誉受到了损害。在她成年后，他们决定在首都给她买一套公寓，以便让她离开家。几年后，她的父母在一次飞机失事中双双遇难，伊丽莎白没能见到他们的最后一面。作为一名杰出的律师，她在律师界获得诸多成功，这让她感到安慰。36岁时，她嫁给了一位老客户——一家跨国公司的高管。在她的儿子出生一个月后，因为与合伙人的意见存在分歧，伊丽莎白决定离开律师事务所，全身心投入到本杰明的教育中。

伊丽莎白不想重蹈自己童年时的覆辙，她因为儿子在学校的充分发展和成功而飘飘然。她倾其所有给儿子提供尽可能好的教育，并且随时随地陪伴在他左右。照顾儿子几乎成了她唯一的事业。本杰明——据她说是个模范学生——令她十分满意，尤其是在学校的表现。但是，从他进入青春期开始，他们的关系却逐渐紧张起来。本杰明的反抗表现为"交了一些坏朋友"（伊丽莎白的说法），尤其是加入了一个摇滚乐队。伊丽莎白也责怪自己没能把丈夫留在家中，因为在第一次分析治疗中，她已经了解到，本杰明因为父亲总是不在家而痛苦，这也影响了他的自我建设。最近，她的儿子已经表达了一成年就要离开家去美国的愿望，这让伊丽莎白感觉自已很失败。她因此再也睡不着了。

在她的心理治疗师去世后，她感到被抛弃了，而她的失眠症已经严重到她每天都睡不着了。她来我这里咨询时，已经徘徊在抑郁的边缘了。

心理学家的分析

伊丽莎白的故事很有价值，因为它呈现了一个人因感情和教育障碍成为代代相传痛苦链上一环的过程。而且，我们发现，这条致病链涉及社会的各个群体。

童年时经历的缺失会在做母亲时被放大，造成与她为孩子追求的目标相反的结果。

在每一代人中都发生着相同的故事：孩子为了取悦父母并保住他们的爱，模仿父母的行为构建了一个虚假的自己（温尼科特称之为"虚假自我"）。但总有一天，他将无法忍受这种对自己真实的情感（即真实的自己）置之不理的自我欺骗。

这表现为逃避：对于伊丽莎白而言，在以自我"升华"为目的的可卡因中；对本杰明而言，在摇滚乐和远赴他乡的梦想中。尽管儿子的行为暂时没有当年母亲的毒瘾那么具有摧毁性，但我们清楚地知道，毒品在艺术圈里十分常见。

伊丽莎白最终走上了正确的道路，因为她已经能够承认自己的痛苦，也了解了她的做法对儿子造成的后果。希望她能继续沿着内心之路走下去，最重要的是变成一个"好母亲"。

最近几个月，借助放松疗法和存在主义疗法，伊丽莎白找回了几乎正常的睡眠和生活的兴趣。

父亲与孩子的关系

父亲与孩子之间可能存在的关系毒性，与母亲和孩子之间可能存在的关系毒性有一些共同特征。它还与交流方面的某种不平衡有关。

如果父亲对他的孩子滥用父亲的权力，无论是"不够"（缺位）还是"过多"（过度控制），他们的关系都将变得有毒。

在这两种情况的具体表现上，致病父亲的行为与致病母亲的行为有所差异。

缺位的或"不够……"的父亲

一个虐待子女的父亲可能表现为长期的沉默，无论他在与不在孩子身边。一个从不参与孩子教育的父亲，尤其是将父母的责任完全扔给母亲的父亲，往往是一个因不能正确扮演角色而有深度焦虑的男人。

他屡屡为自己遭受过的虐待所困扰。他担心会重蹈覆辙，尤其是以暴力的方式。他尽可能地逃避自己应承担的父亲的责任，仅承担对孩子的"最低义务"（学业上的财务支持、生日和圣诞节的礼物……）。

母亲会感到自己肩负了父母的双重责任，而自己未必为接受这一切做好了准备。

而且，许多这样的父亲还会因某个巨大的误解而导致一种关系毒性。他们以为自己的沉默或缺位对孩子有好处，却不知道这样做会伤害孩子。孩子感受到的首先是父亲对自己的不关心，甚至不爱自己，其次是父亲在怯懦地逃避做父亲的责任。

孩子因此会对父亲产生永久的期待，并表现为惶恐不安，甚至有负罪感。长此以往，孩子会表现出压抑已久的巨大愤怒。

这些致病的父亲犯了一个严重的错误，即不承认自己可能会犯错，不去寻求支持。于是，许多父亲把自己关在一座象牙塔里（比如，一种使他们很少有空余时间的职业活动）。他们因此剥夺了自己成为完整父亲的快乐。某些父亲在临终时已经与子女完全失去了联系，只能品尝悔恨的苦涩滋味。

然而，如果一个父亲勇敢地向孩子的母亲或他未来的配偶（如果他们只是订了婚）谈论自己的烦恼，他就迈出了一大步。

首先，夫妻二人可能因为这个需要克服的困难而变得更强大、更团结；其次，孩子对他的看法会变得不那么理想化，双方会更亲近。而且，如果他愿意坚持心理治疗，这个沉默或缺位的父亲可能会在情感上学会包容，然后接受自己童年时遭受过的虐待。他可能会摆脱这种让自己变得麻木的烦恼，不再被迫与孩子保持距离，也不再是代代相传的痛苦链条上的一环。

因"过度……"导致关系毒性的父亲

这些父亲虽然想要控制一切但是害怕犯错。这种对犯错的恐惧往往另有根源：对他们女性部分的无知甚至否认。卡尔·古斯塔夫·荣格的一项伟大功绩在于他指出：任何人，无论男性或女性，都有一个女性部分和一个男性部分，只是它们在每个人身上的比例不同。

他把男性的女性部分称为"女性意向"（阿尼玛）。这一"精神诉求"的主要特点是：接受、温柔、敏感、心灵的智慧和直觉。一个男人如果未曾拥有一位充满爱的、善解人意的、温柔的母亲，可能就无法发展这种女性意向。

另一种可能是，别人反复给他灌输错误的信仰，如害怕丧失男性气概，所以他在很小的时候就压抑了这种女性意向，甚至变成了同性恋（在某些传统家庭中，这仍然被视为一种"变态"或"罪擊")。然而，事实上，一个男人在表达他的女性部分时完全不会丧失男性气概。相反，他会因此感受到更强大的内心统一。这会使他更加从容，并因此变得更加自信。那些从内心深处压抑自己"女性意向"的父亲会与他们的儿子发展出有毒的关系。面对儿子，他们很有可能表现得特别冷酷和严厉。他们消极的"规范型父母"状态会过度表达，从而损害了他们的"养育型父母"状态。他们的儿子会倾向于缺乏自尊，感觉自己永远无法在职业或性方面达到要求。

面对女儿，这些致病的父亲往往会表现出占有欲和嫉妒心，尤其是从女儿的青春期开始。因为，女儿身上女性特征的出现会成为一种无意识的侮辱，就像镜子中照出的自己，他们的内心拒绝去看它。

这些父亲的女儿们如果没有母亲给予的情感支持，可能很难平静地接受她们的女性特征，她们可能会变成"假小子"或强硬的野心家，甚至性别歧视者。

而且，一旦她们把一个敏感的、殷勤的未婚夫介绍给父亲，这位父亲就很有可能试图贬低未来的女婿或者嘲笑他。

显然，这些有过度控制欲的父亲需要接受一次心理治疗，在一个安全可靠而保密的空间里尝试表露他们如此害怕却如此需要的女性部分。

处于这两种类型"虐待"下的孩子们应鼓起勇气与父亲保持联系，以便在他们内心准备好放弃这种有毒的关系时他们彼此可以表达自己的感受。

案例

贝尔纳与奥黛特：如何将摆钟调准

奥黛特20岁时失去了母亲，如今62岁的她又刚刚失去了79岁的父亲贝尔纳，他因消化道癌离世。

以下是奥黛特第一次来咨询时对我讲述的内容：在整理父亲的档案时，她发现了几张祖父阿纳托尔的照片，祖父是1943年去世的，因此奥黛特从没见过他。她的父亲提起祖父时总是一带而过，只说祖父是一个抵抗团体的领袖，因被叛徒出卖而遭到枪杀。奥黛特还发现了祖父的几张身份证明，他的真名叫亚伯拉罕。1942年7月，在冬季赛车场大逮捕[1]之后，他被转移到了德朗西，后来被宣布死在贝尔根—贝尔森集中营。

在得知自己的犹太出身后，奥黛特十分震惊，她也被父

1　1942年，法国警方奉纳粹德国的命令逮捕了将近1.3万名犹太人。有孩子的犹太家庭被圈禁在一个大运动场里，这个运动场叫作"冬季自行车赛车场"，这次大逮捕因此被称为"冬季赛车场大逮捕"。参见《给我的孩子讲奥斯维辛集中营》，[法]安奈特·维奥尔卡著，王大智译。——译者注

亲所隐瞒的事情惊呆了。当她把这个父亲死守的秘密告诉两个妹妹后，她们也同样震惊。随后，一种巨大的愤怒控制了奥黛特，她很难遏制这种愤怒，并发展出一种很痛的胃溃疡。

她的母亲雅克琳娜在一次车祸中离世。之后，奥黛特听从父亲的话，作为一个有奉献精神的长姐，负责妹妹们的教育。她因此放弃了大学学业，在一家瑞士钟表厂做领导秘书。贝尔纳是一个保守且专制的男人，总是对家族历史三缄其口，说自己"出身正确"。尽管是无神论者，但是贝尔纳还是娶了虔诚的天主教徒雅克琳娜，她要求自己的女儿们深入地接受基督教教育。

即将退休的奥黛特决定在一位系谱学家的帮助下继续她的调查，因为她想尽快了解到是什么使她的父亲如此不信任她，以至于对她隐瞒了家族的历史。

在随后的几次咨询中，她向我讲述了她追溯家族历史的各个阶段的成果。亚伯拉罕是一位波兰的弦乐器制造商，在克拉科夫的一次大屠杀后逃离了祖国。作为家族唯一幸存者的他与未婚妻拉谢尔一起成功逃脱了，并于1932年流亡到法国。结婚后，他们立即改成法国名字。1937年出生的贝尔纳是他们唯一的孩子，他的母亲在生他的妹妹时因剖腹产去世了，而他们提前给妹妹取的名字正是奥黛特！

我的这位患者由此理解了自己拒绝生孩子的原因，并且借口是把自己全身心奉献给比她小7岁和11岁的两个妹妹。一周后，奥黛特的消化系统问题没有那么严重了。

贝尔纳是一名钟表匠，这位老式座钟维修匠热衷于他的工作并且得到很高的评价。奥黛特也总是犹豫要不要打断在作坊里一直忙碌的庄严的父亲，因为他总有一些紧急的维修活要交付给一些豪宅或博物馆。事实上，她几乎不了解这个一吃完饭就全神贯注阅读艺术书籍的男人。

在继续调查的过程中，奥黛特了解到父亲在银行保险箱里保存了一些信件，它们能证明父亲行过割礼，亚伯拉罕曾讨厌贝尔纳，因为贝尔纳虽是男孩，却不能把犹太籍传给后代，[1]亚伯拉罕作为一名正统的犹太教徒，非常依恋这个身份！这也解释了为什么贝尔纳以娶一名"异教徒"——还是虔诚的天主教徒——的方式来报复父亲不再爱他这件事。另外，奥黛特以前一直不理解父亲为什么坚持让三个女儿准时参加主日弥撒。"这是为了纪念你们的母亲"，他说。

在她的第十次咨询后，奥黛特向我透露了另一个发现——一个完全泛黑的小本子，这是她在父亲遗留的一个豪华的巴塞尔座钟里找到的，它被藏得很隐蔽。

1　此处作者并未说明为何贝尔纳不能把犹太籍传给后代，或许与其父亚伯拉罕曾流亡法国，并在婚后改为法国名字有关。——译者注

在这个日记本里，贝尔纳讲述了1941—1944年，他被基督教学校里的几个哥哥藏起来的事情。法国解放时，他独自一人被发现，而父亲下落不明。像许多从集中营走出来的孩子一样，他曾带着独自活命的可怕的负罪感生活着。为了尝试带着这种"耻辱"去生活，他最终放弃了犹太身份并信奉了基督教，娶了雅克琳娜，但他似乎从未告诉过妻子这个秘密。

如今奥黛特已从正当的愤怒中解脱了，她只是胃部略感不适。她终止了个人的短暂治疗，在一个聚集了集中营幸存者的孙子孙女们的谈话小组中继续她的哀悼。

心理学家的分析

贝尔纳与他女儿的经历是一个父亲没有教会他的亲人——尤其是他的孩子们——如何表达情感的例子。战争和纳粹屠杀犹太人的背景不允许他这样做，它使贝尔纳变成了一个铁石心肠的孤独之人，连婚姻也没能改变他。在他的妻子去世后，或者是因为他不了解女性世界，或者是因为他害怕做得不好，这位奉行完美主义的工匠把两个小女儿的教育责任完全搁在了大女儿的肩上。而且，这一代男人很少愿意倾听自己的女性部分，而这个部分本来可以帮助他理解女儿们的成长情况，从而帮一帮奥黛特。

他的缄默——这实际上表现出了他面对恐惧时的尊严——或许是一种防御机制，是他作为一个被遗弃的犹太孩子，后来又成为一个鳏夫生存所必需的心理素质。贝尔纳因此躲在工作中，一丝不苟，并通过写日记来逃避过于沉重以至于难以承受的感受。他死守的关于自己出身的秘密不允许他"消化"自己的过去，而他的身体发声太晚了，直到癌症带他离开了生活这片"苦海"。

我们看到，贝尔纳的装聋作哑对奥黛特而言是无边的痛苦根源，因为她的父亲没有与她分享真正和谐的关系所不可或缺的隐私。为了不失去这个唯一家长的爱，奥黛特甘愿在家庭的祭坛上牺牲自己：她在变成女人之前被迫成为妹妹们的"母亲"，并且放弃了接受高等教育的权利。尽管奥黛特在一家钟表厂工作——只是个秘书，但她总感觉自己被排斥在父亲的世界之外。

尽管奥黛特很勇敢，但是多年积累的感情缺失完全转化为压抑的愤怒及其躯体化的毒性。正是她想要搞清楚家庭到底经历了什么的坚定决心挽救了她。

情侣关系

我们前面已经比较隐晦地提到过某些情侣关系的毒

性。然而，与朋友关系和职场关系相比，情侣关系的特点与我们刚刚讨论的亲子关系有直接的关联。过往的感情经历不会在与迷人的王子或公主邂逅时被抹去，这种关系毒性往往与某种形式的交流过度相关，我们可以称之为"毁灭性的依恋"。

为了解释这种关系，我们以一对情侣的例子来作具体说明，许多情侣也会有类似的经历。

案例

赫洛伊丝与热尔曼：要文学还是要人？

每次赫洛伊丝开始写一部新小说时，她的男友热尔曼就感觉很糟。尽管他为能与一位女作家一起生活而感到骄傲，也没有忘记四处宣扬这件事，但共同生活了几个月后，他有一种不快的感觉，即女作家偷走了他的时间，"一段对我们这对情侣来说很宝贵的时间"，他对自己说。热尔曼因此会突然无缘无故地发火。一天，赫洛伊丝向他指出了他会突然暴躁的问题，他终于承认自己无法忍受她花费那么多的时间写书。为了让她敏感的爱人高兴，赫洛伊丝开始在天亮前写作，那时热尔曼还在睡觉。但是，由于她到睡觉的时间已经很疲惫了，他们做爱的频率也下降了。热尔曼立即迸发出失落情绪，并指责说他们之间缺少肉体的交流。她视他为被宠坏的孩子，而他视她为自私的女人。

赫洛伊丝开始因为在天不亮就要写作而感到越来越不舒服。她感觉自己被"切"成了两半：一半是文学创作者，有需要誊抄在纸上的灵感并从中得到说不出的快乐；另一半是她爱男友，并想把他值得拥有的全部空间献给他的强烈欲望。

日复一日，这位年轻女作家痛苦地感受着内心的撕扯。她强迫自己少写一点，打断自己的创作节奏，以便更多地陪伴对方，她的男友也认可她的努力。但是随着时间的推移，事情逐渐恶化了：赫洛伊丝完全丧失了创作灵感，而热尔曼则丧失了性能力。终于有一天晚上，赫洛伊丝收到男友的最后通牒：她必须在下一本书和他之间做出选择。这位女作家感觉到一种巨大的悲伤。面对这个危及她职业的选择，赫洛伊丝再也睡不着了，而且经常出现文思枯竭的焦虑。左右为难的她用了好几周的时间做出了决定，并向热尔曼宣布："在一个男人和一本书之间，我始终会选择书。"这个明确的回答结束了这对情侣的关系。

心理学家的分析

在这对情侣身上，两个因素多多少少有意识地完美结合，造成了毁灭性的依恋。在赫洛伊丝方面是取悦爱人的愿望，在热尔曼方面是嫉妒的占有欲。

在沟通分析理论中，提到了"取悦"这个驱动因素。一个驱动因素就是一条约束信息，说明这个人曾受到强硬的父母禁令的约束，这种禁令在他童年时已经深入内心，使他在感情关系中自觉或不自觉地实践它。承受"取悦"这个驱动因素的人会对这段关系非常小心，而且关注他人开心与否甚于自己的需求。

赫洛伊丝从小就尽其所能地让母亲满意，因为她的母亲自从第一个孩子早夭后就变得抑郁了。赫洛伊丝很想得到母亲的爱，以至于她很难拒绝给予母亲精神上的支持，但这对于她幼小的肩膀来说十分沉重，更何况她只是一个"替代品"。于是，在青春期时，赫洛伊丝躲到自己的梦想里，开始创作诗歌和短故事。

直到今天，赫洛伊丝仍表现得像一个模范女儿：她每周给母亲打好几次电话，经常到外省去看望她，因为她知道她的出现会让母亲高兴。文学创作也变成了一个千辛万苦赢得的自由空间，成为她作为成年女性身份的一部分。但是，由于赫洛伊丝从来没有向她亲近的人表达过这一根本需求，因此她不停地在创作的喜悦与随叫随到的"天赋"之间左右为难。正是从前那个缺乏爱的小姑娘的恐惧不自觉地侵蚀着她，为了逃避这种躲不开的折磨，她与热尔曼分手了，于是另一个问题或许可以被预想到。赫洛伊丝因为她的驱动因素而没有办法切断与母亲的联系，由此我们可以想到，热尔曼在"母亲—作家—赫洛伊丝"这个三角关系中可能成了多余的。

至于嫉妒的占有欲，它源于一种缺失，通常是过去的经历埋藏在内心深处的缺失。它也是对社会肯定的需求，正如我们以下要谈到的：

对于热尔曼来说，与赫洛伊丝一起生活是一种成就，而这一成就使他能够巩固在此之前一直上下起伏的自尊。因为他的父亲，一个善于诱惑女人的管道工，总是用自己的"猎物清单"让他明白，一个男人是通过吸引女人的能力立足社会的。因此，征服赫洛伊丝对热尔曼来说就标志着无上的光荣，一种放大他的虚荣心的社会成就。

他绝对不愿意失去生活馈赠的这个意外的礼物。但是慢慢地，他并没有感受到与赫洛伊丝在一起的快乐，而是仅仅满足于有她在身边。因此，在"多情"的赫洛伊丝写作的时候，他感觉她在"逃避"他。于是，他重新感受到那个常常缺位、引人注目却见异思迁的父亲带给他的缺失。从那时起，热尔曼的占有欲与日俱增，痛苦于赫洛伊丝因文学创作而不能陪伴他，因为这对他而言是一种变相的不忠。

我们还可以对赫洛伊丝和热尔曼这对情侣的关系作出另一种解读。事实上，这个不幸的爱情故事中有四个角色。两个主角身上有一些迫切的无意识的心理诉求。

赫洛伊丝当然有她意识到的女性部分，但也有无意识的男性部分——"男性意向（阿尼姆斯）"。至于热尔曼，除了有他意识到的男性部分，也有无意识的女性部分——"女性意向"。

因此，当赫洛伊丝是小说家时，她运用代表着行动原则的"男性意向"来肯定自己的创作能力。我们也可以认为，当赫洛伊丝要求热尔曼分手而没有寻求其他解决办法时，她的"男性意向"表现得很笨拙。她有一种"或"的逻辑，而不是"和"的逻辑，这证明了她的"男性意向"没有完全发挥作用。否则，她的"男性意向"与她的女性部分之间应展开一场对话。

而热尔曼只在要求交欢的时候才默认他那代表着接受原则的"女性意向"发挥作用。因此，他完全不知道正是他的"女性意向"让他欣赏并喜欢赫洛伊丝的文学敏感性。他不知道禁止自己表现出"女性意向"是因为害怕自己不再是一个居高临下的男人，就像他的父亲曾在他面前表现的那样。但是，由于热尔曼经历了"缺位的父亲与缺失的儿子"的亲子关系，他的男性部分占了上风，以此向他的父亲证明自己配得上父亲的爱。

不难看出，各自的心理诉求在这对情侣之间悄悄发挥着作用，但相互之间未能达成一致，也未能创造一种情侣生活的和谐，因为赫洛伊丝一无所知，热尔曼则不承认。因此，在这段关系中，控制摧毁了互相依赖。

可是，如果双方都为了生存而争斗并牺牲对方，那么他们又怎么能相爱呢？

他们如果想让感情向着有利的方向发展，就应让各自内心的那对"情侣"（"女性意向"和"男性意向"）共存，并扪心自问：我的女性意向是怎样的？我的男性意向是怎样的？我的男性意向该如何服务于我的女性意向？反之亦然。

只有这样，他们有朝一日才有能力——而非权力——去创造一对名副其实的、真正亲密的情侣。

因为一切都存在于权力与能力的差别之中。

权力与能力

▶ 权力是夺得的，能力是赢得的。

▶ 权力强行突破防线，能力靠自己崭露头角。

▶ 权力强加于人，能力表现出众。

▶ 权力等同于跨步，能力等同于进步。

▶ 权力要求意愿, 能力要求恒心。

▶ 权力是自满, 能力是肯定。

▶ 权力借助权威, 能力源于坚定。

▶ 权力代表顽固, 能力展现勇气。

▶ 权力显得骄傲, 能力显得谦逊。

▶ 权力试图控制, 能力不追求任何与控制类似的东西。

▶ 权力是傲慢的源头, 能力是幸福的源泉。

▶ 权力需要永恒的刺激, 能力需要安静的力量。

▶ 权力总是迫不及待, 能力总是从容不迫。

▶ 权力依赖于"做", 能力依赖于"是", 二者不专属于男性或女性, 而是同时属于两性。

朋友关系

友情是一种尊重对方的自由和相异性的关系。理论上, 朋友关系中的情感依赖性和毒性的风险要低于情侣关系。

往往是友情与爱情的混淆造成了关系失衡, 引发了关系毒性。

友情往往会因为爱的缺失而走向极端，这种情况时常发生在青少年当中。然而爱情，真正的爱情，是一种比友情更加无条件的承诺。

友情、控制、操纵

在一段朋友关系中，一方可以很自然地要求并得到对方的倾听和支持。但是，一种过于亲密的朋友关系——通常专属于爱情——可能很快会显示出侵扰性。

朋友之间，诚实的沟通会使事情回到正轨。但有时候，因为怕伤害对方，其中一方会"忘记"准确地界定自己的领地范围。于是一个主角越界了，这可能会伤害对方，因为对方的某种需求未能被表达出来，因此他未能得到尊重。

有时候，朋友怀着世界上最好的愿望去扮演拯救者的角色，却致使对方一步步沦为受害者，甚至施虐者，正如我们在克里斯蒂娜和若尔热特的例子中所看到的。

相反，也可能是其中一方向另一方要求得太多，由于双方没有任何契约关系，拒绝总是很难说出口。因此，花时间解释这件事是尊重这段朋友关系并使其变得更真诚的基本方式。诚实地表明这段友情对各自的真正意义是使友情长存的条件。例如，一个朋友愿意在某个方面给予对方很多支持，却在另一方面无能为力。懂得这一点是友情发展的必要条件。

因此，当人们跨越了心照不宣的界限，表现出无意识地操纵或控制意愿的过分言行时，朋友关系的毒性就出现了。

案例

瓦莱丽与弗朗索瓦丝：一段生不逢时的友情

弗朗索瓦丝，单身，无子女，32岁时去别人向她热情推荐的占星师瓦莱丽那里咨询。她需要对一个重要的生活选择做出预测，而且她觉得占星可以带来有趣的观点。那次咨询持续了大约三个小时，对弗朗索瓦丝很有帮助，甚至超出了她的预期。在极其精确地描述了她生命中的那些重要事件的同时，瓦莱丽还将弗朗索瓦丝性格中的各个方面联系起来，为她提供了一些既中肯又出乎意料的观点。弗朗索瓦丝因此确定了新的生活方向，这使她——按照她的说法——"终于找到了自己的位置"。她非常感激瓦莱丽的帮助，并且继续定期向她咨询一些与自己的职业或个人发展相关的问题。

两年后，她们成了朋友。瓦莱丽很自然地成了弗朗索瓦丝的最佳闺蜜，她也不吝于为弗朗索瓦丝提供建议。弗朗索瓦丝很高兴能够一直得益于瓦莱丽往往很明智的建议。40多岁的瓦莱丽是两个处于青春期孩子的母亲。她过度关心这两个孩子，并经常因此与她的丈夫发生冲突。这对他们的夫妻感情伤害很大，以至于瓦莱丽有一天向弗朗索瓦丝坦诚，她暗自计划在小儿子中学毕业后离开她的丈夫。瓦莱丽的丈夫是一位出色的律师，她为自己不得不依附于丈夫而越发不能忍受他，因为她的丈夫为她提供了靠自己的占星收入永远无法达到的生活排场。

弗朗索瓦丝感到有点奇怪，瓦莱丽为别人的事思虑得那么周全，对待自己的事却这么不明智。在发现了朋友隐藏的一面之后，弗朗索瓦丝努力克制自己，不对瓦莱丽的婚姻生活提出任何意见，因为她只了解事实的一个版本。另外，在多次占星中，瓦莱丽开始以非常直接的方式介入弗朗索瓦丝的生活，而后者并没有请她这么做。弗朗索瓦丝很清楚，她的朋友完全是出于好意，才会告诉她对于这样、那样的情况应优先采取什么样的态度。

作为答谢，弗朗索瓦丝想要送瓦莱丽一个礼物，但是瓦莱丽果断拒绝了。弗朗索瓦丝感到惊讶并有点懊恼。随后她意识到瓦莱丽几乎知道她的全部信息，而她对这个朋友知之甚少。

另外，瓦莱丽变得越来越爱报复她的丈夫，并且越来越明确地表明期待弗朗索瓦丝的支持。因此，弗朗索瓦丝决定不再寻求这位占星师的建议。瓦莱丽虽没有对弗朗索瓦丝明说，但她感到不安并开始对弗朗索瓦丝处理事情的方式作出批评。尽管弗朗索瓦丝几乎不具备一名好的管理者应具备的素质，但瓦莱丽在讨论这个话题时表现得很粗暴。

在此期间，瓦莱丽苦于没有办法毅然决然地离开她的丈夫，并越来越难以忍受自己对丈夫的财务依赖。弗朗索瓦丝终于意识到一种掺杂着嫉妒的控制正悄悄地施加在自己身上，并感到她的朋友背叛了她。深思熟虑之后，弗朗索瓦丝给瓦莱丽写了一封很长的绝交信，信中没有忘记强调她们做朋友时的那些美好时刻。

她还随信送上了一束鲜花，想要减少断交的影响，但是寄去的花被立刻退了回来。面对瓦莱丽的第二次拒绝行为，弗朗索瓦丝意识到她选择与瓦莱丽断交是多么正确的决定！

心理学家的分析

毒性是如何一点一点地出现在这两个主角之间的呢？

首先，这是一段开始时看上去不错的职业关系，而且事情本该止步于此。然而，弗朗索瓦丝决定把瓦莱丽变成她的最佳闺蜜，瓦莱丽掌握着关于弗朗索瓦丝的信息，而弗朗索瓦丝对此一无所知，因此没有担心。这是第一个毒性风险，它源于这段关系的不平衡。因为弗朗索瓦丝一开始就选择相信瓦莱丽,所以她小心翼翼地不去了解瓦莱丽会如何使用她的信息。尽管瓦莱丽对弗朗索瓦丝的影响很大,但她实际上是对得起这份信任的。然而,她没有与这位前客户讨论过从职业关系过渡到朋友关系的问题,从一名关系方面的专业人士的角度看,她的做法缺乏警惕性,不够严谨。

作为母亲和妻子,瓦莱丽的个人状况变得愈发艰难,因此她的"自我"开始不知所措。为了让自己安心并保持良好的形象,她会利用自己作为占星师的能力,有意无意地让弗朗索瓦丝扮演"陪衬"的角色。当然,这位前客户虽没有对这一心理进程起疑心,但至少她无意识地感觉到,瓦莱丽对待丈夫阴暗的那一面有朝一日可能会落到自己身上,因此她感觉有必要借助一个礼物来重新建立平衡。

然而,瓦莱丽的拒绝完全能说明问题:实际上,瓦莱丽希望在专业方面保住她作为拯救者的角色,而在家里却越来越感到自己是个受害者。

这次拒绝本应引起弗朗索瓦丝的进一步警惕，但她或许仍需要保持这段朋友关系，即使这段关系在交流上越来越不平衡了。弗朗索瓦丝在迫使自己表现得越来越感恩的情况下，仍然没有计较她的朋友十分具有侵扰性的态度。

终于，瓦莱丽不可避免地坐上了施虐者的位置，通过尖刻的批评表现出她的控制欲。毒性因此上升了一个层次，弗朗索瓦丝此时才感觉到被这段关系欺骗了。幸运的是，她最终觉察到了瓦莱丽被自己的社会和财务状况激起的不健康的嫉妒心理，这或许与她作为母亲的占有欲有关。这位占星师是被她的丈夫"囚禁"在家庭中的一位母亲，被中年危机困扰着，幻想着与弗朗索瓦丝这位比自己年轻、没有子女且财务独立的单身女性形成了竞争关系。我们需要注意金钱关系在这段朋友关系中的重要性，因为金钱隐含的社会差距很有可能导致关系毒性的增强。

有毒的职业关系

在"竞争"与"业绩"成为许多企业发展中的关键词的时代，与同事保持冷静且平衡的关系是非常重要的，尤其是那些与自己最亲近的同事。

在职场中，一段关系的毒性可能会造成严重的后果——从团队内部的不和睦到因犯错而被解雇。因此，我们有必要采取某种预防手段，以避免公开的或潜在的冲突。

与同事的关系

以下是几项建议。

只承担您自己的那份责任

举一个例子。开会时，听着某个同事的发言，您突然感觉到一种强烈的紧张情绪从内心升起。您不知道这是为什么，也不知道该怎么办，因此感觉更加不舒服。

请您用心观察所发生的事：已经足足五分钟了，您的同事在他的发言中表现得很坚决，甚至很粗暴。但说到底，这真的是您的问题吗？

可能是吧。进一步思考之后，您意识到自己的不舒服与某个经历有关。这个人使您不自觉地回想起曾经历的某个状况。但继续分析之后，您意识到这个同事对于这个议题过分上心了。事实上，他或许在同一个与您无关的心理问题作斗争。

继续研究，您又意识到这个同事的情况不是孤立存在的。实际上，正如团队所有成员一样，您与上司的关系处理得也不好。正是他以铁腕方式主持了这次会议，而没有真正聆听团队成员陈述的观点。

因此，您确认自己的紧张源于多种因素，但您只能控制属于自己的那部分。这应该能让您如释重负。

谨慎为先

在职场中，首先要遵守的一条原则是"不是所有真话都适合说出来"。当我们要揭露一个可能引起他人紧张情绪，而且很快就会引起自己紧张情绪的信息时，尤其如此。谨慎是必要的，尤其当您天生是个外向的人时。

首先，要知道您在公司里的名声取决于自己。

如果您想爱惜自己的名声，那么请您首先考虑他人，尽可能摒除成见。请您试着以客观事实为依据，而不是将自己的意图从精神上强加给别人，反之亦然。为什么要平等地对待他人呢？这是因为他人也在追求工作中的发展、同事们的认可和对自己努力的公正报酬。在这方面，他有权得到您的尊重，就像您有权得到他的尊重一样。

最终，无论您的对手是谁，永远不要擅自评论他人的私生活，即使那是他本人告诉您的。

避免类型化的评价："生了三胎之后，她将会请更多的假"或者"自从他的妻子到南方后，他想尽一切办法要调过去"。

在这方面，沉默是金。

不要向自我排斥让步

在企业中，孤立往往会导致某种关系毒性的出现。因此，要当心在您身上暗暗滋生的一种现象——自我封闭。

大多数时候，自我封闭与某种情结或某种自卑，甚至耻辱的感觉相关。然而，这些感觉常常是隐蔽的，它们不像愤怒或恐惧那么激烈，也不一定那么容易地在自己身上发现。正因如此，它们是有害的：因为更难辨认，所以它们更难被克服或改变。

为了时刻让自己保持警惕，请回答这个分成两部分的问卷，给自己做一个小诊断：

第一部分

▶ 此刻，您是否倾向于避免离开您的办公室？

▶ 今天，您是否想方设法不碰到某些人？

▶ 现在，您是否安排自己不在公众面前讲话？

▶ 如果您对这些问题中的一个（甚至三个）的回答是肯定的，那么请思考您这样逃避已经多久了？

第二部分

▶ 您是否总是逃避他人的目光，尤其是与您身份相同的人（比如您部门的同事）的目光？

▶ 如果是，您是否担心他们评判您？

▶ 您不敢成为什么样的人？您不敢做什么事？

▶ 您认为自己表现出怎样的负面形象？

如果您诚实地回答了这个问卷并且感觉它与您有关系，那么您亟须采取行动，以摆脱这些很可能是伪装的行为。

走出孤立状态的唯一方法是在企业的不同部门 (不只是您所在的部门) 内创建一些关系。您的公司不只有那些享有特殊权力的人，也不只由您经常喜欢与其共进午餐的友好的同事们组成；您还应该结交那些与您有共同价值观的人，那些在某些运动或文化领域与您有共同兴趣的人，以及那些对公司有着与您相同期望的人。列出一张简单的人员名单，然后在某个非正式活动中创造机会把他们聚在一起 (三王来朝节[1]、生日聚会等)，以便验证他们是不是真的与您意气相投。

时机成熟时，如果需要，您将有更多机会在这些人中找到盟友。而且您在平日里也会感觉到自身更加强大，因为您那时已经得到了认可。

接下来，您只需要把自己的羞怯放进壁橱里去。

1　法国的一个宗教节日。——译者注

懂得如何跳出框架

有时候，人需要懂得如何跳出职场的框架，但前提是这样做有利于改进我们的工作条件。

在某些情况下（如两家子公司之间激烈的竞争挑战、跨文化背景等），如果您真的关心同事，尤其是当他初来乍到时，您的"附加值"会提高。这不意味着需要询问他的饮食爱好或者最喜欢的度假地，而是应该在"政治正确"的话题之外与他建立真正的对话。真诚地提高谈话水平，但不要试图获得结果，这样您将创造一种特有的信任氛围。您的关系模式将不再是职务与职务之间的，而是人与人之间的。于是，您会以新的眼光发现您的同事：他对岗位的投入程度、他的价值、他的开放程度……

将自己定位在职场角色之外，您可以获得：

▶ 更好的职场生活质量。

▶ 对真正重要事情的客观眼光：遇到一个与您一样宝贵的独一无二的人。

▶ 真正的满足，甚至内心的平静。

一旦坚冰被打破，还有什么能阻止您与这位同事一起组织一次主题活动（享受美食、观看电影或戏剧、参观博物馆等）呢？这种倡议通常会获得一定的成功。

在职场中引入一点人际关系会大大降低毒性在企业各

种关系中的出现几率。

案例

《单车上的阿尔切斯特》(*Alceste à bicyclette*)

菲利普·李·古伊(Philippe Le Guay)**的一部电影**

60多岁的著名喜剧演员塞尔日·塔纳尔认为自己已经永远退出了戏剧圈,因为他厌烦了那种"所有人背叛所有人"的职业。从那以后,他在雷岛的一座破房子里过起了隐居生活。

三年后,戈捷·瓦朗斯——50多岁的电视演员,因其饰演的那些崇高的英雄角色而闻名——来到了岛上。作为塞尔日的老朋友,他建议塞尔日出演莫里哀的戏剧《愤世嫉俗者》(*Misanthrope*),因为他知道塞尔日一直梦想着饰演其中的角色。塞尔日一开始拒绝了戈捷的建议,后来他向戈捷要了五天的排练时间。在那之后,他将决定自己是否出演这部剧。排练开始了,两位演员轮流饰演阿尔塞斯特和非兰德两个角色,互相较量、互相挑战。他们时而因为能在一起演戏而喜出望外,时而想要与对方打一架。应该说,戈捷的和善时常要经受塞尔日尖酸的考验。

在他们身边,有一位离异的漂亮的意大利女郎来出售一处房产，这两位喜剧演员争着追求她。这位年轻女士同时被两个人的魅力折服了。被胜利冲昏头脑的塞尔日最终接受了戈捷出演戏剧的建议，但戈捷却向他承认自己已经与这位年轻女士共度良宵，而她第二天一早就离开了这座岛。听到这个消息，塞尔日没有反应。

第二天，戈捷在岛上接待他的女朋友以及制片人和剧院经理，他邀请他们来签署这个项目的创作合同。但是塞尔日斩钉截铁地宣布他只想饰演阿尔塞斯特，而他之前已经同意与戈捷轮流饰演这个角色。戈捷大发雷霆，拒绝对塞尔日的要求让步。塞尔日于是退出了这个项目，同时没有忘记把戈捷的一夜情告诉他的女朋友。

像阿尔塞斯特一样认为"人类根本没有真正的朋友"的塞尔日最终在岛上孤独终老。

心理学家的分析

戈捷犯了一个严重的错误，他虽未明说，却在标榜自己在征服女性方面占优势的外形魅力。他本应对自己的一夜情保持沉默，但他没有看到，因一位女性的关注而重新振作起来的塞尔日已经开始计划向世界重新敞开怀抱，并借此机会重返舞台。然而，塞尔日作为一个老年单身人士的嫉妒心被自卑和他对搭档在电视上获得成功的怨恨滋养着，这最终打败了他们的友情契约和职业契约。

这段关系的毒性是这样产生的：

为了炫耀自己的男子气概，戈捷对塞尔日的孤独缺乏洞察力和警惕性。

塞尔日潜在的与抑郁相关的被压制的怒火只要一有机会就会点燃嫉妒心。

与上司的关系

职场中关系毒性的最大源头是不恰当的管理模式。某些企业的文化及其经营模式往往是关系毒性的潜在根源。然而，员工不一定有能力与这种状况单打独斗——这更应该是代表他的工会的职责，但是员工是有能力学会应对这种状况的。以下是不同情况下应采取的措施。

不要让自己落入"卓越"的陷阱

从理论上说，卓越是一种美好而伟大的品质，它要求您超越自我，成为最好的自己。但这个词可能掩盖着另一个事实。

实际上，在某些企业中，管理者与员工之间关系的毒性有很大一部分来自企业要求的盈利性与员工身心发展的极限之间的对抗。在管理上，"卓越"这个词是指必须达到管理盈利性的要求。

因此，在您的职业背景下，您需要小心谨慎地确认"卓越"这个词的内涵，不要任凭自己被上司操纵。因为，这个词可能隐藏着"始终更好"的要求，直到使您自己产生负罪感，甚至在自己心理有些脆弱时让您产生耻辱感或自卑感。

您还应该观察：

▶ 绩效目标的不断提高是否与报酬标准相匹配，而不只是为了给那些没有达到目标的人设定指标或进行处罚。

▶ 与卓越相关的额外活动是激发了热情和能量，还是反而造成了负面的，甚至长期的压力。

发现上司的人性

您再也忍受不了您的上司了，因为：

▶ 为了让您达到目标，他每周都骚扰您。

▶ 他拒绝拨付用于提高您的团队凝聚力的专门预算。

▶ 他说一套，做一套。

▶ 因为给您签了一份个人培训的请假许可，他发了几个月的牢骚！

简而言之，您深信他就是自己日常压力的主要原因。您这样想可能没有错。然而，我们已经看到，在一段关系中，每个人都负有责任，而且每个人都有自己认识他人的方式。

另外，您是否把上司当作普通人而不是上司来看待？而且他作为上司，难道不应该一定有那种假模假式，甚至最令人讨厌的面目吗？然而，这种认识真的符合客观事实吗？问题就在这里。

您是否想到这样一个事实，即您的上司可能和您一样，为了挣他的月薪而被职务，进而被某种职责所束缚？

如果您的上司因此才走到了这一步，那么这或许与您的企业文化有部分相关性，也或许因为您没有给他走出这个困境的可能性吧？

以下是一个小练习，它恰好可以给您创造这样一个机会。

首先请您闭上双眼，在脑海中想象上司的形象。

▶ 穿着睡衣，正在刷牙。

▶ 穿着休闲服，正在与他的孩子们一起看电视。

▶穿着运动短裤，正在一个公园里跑步等。

难道他不是每天都和您一样过着平淡的生活吗？现在请您想象他正收到一个与他个人有关的坏消息：

▶有人告诉他，他的一个发小去世了。

▶一个医生通知他诊断的结果不好。

▶他得知一段感情关系破裂了等。

这个人难道不是可能与您一样也在经受考验吗？最终，您意识到自己对上司知之甚少。

您的心理是一个检察官，它很容易冲动，有时会变得冷酷无情，而它会有这些情绪的唯一借口是，您的上司在企业中比您更有权力或者薪水更高。

事实上，在您的紧张情绪之下隐藏着您"投射"给上司的愤怒和辛酸。

您过于草率地谴责他的某些错误，因为它们也是您看待事物的方式。因此，应该由您来寻找自己产生这些纷扰情绪的原因，"是恺撒的当归恺撒"。

学会与他人沟通自己的需求

在企业中，有时很难让领导听到个人的意见。然而，往往正是这些没有说出来的意见变成了偏见和误解的根源。一种上下级之间的关系毒性开始滋生，而一些潜在的冲突可能由此产生，甚至会长期存在。

作为员工，您可能因为担心被同事们疏远，或者更糟的是，害怕丢掉工作，而犹豫是否要进行沟通，尤其是在局势紧张的时候。但请您务必告诉自己：

► 从理论上讲，您的需求是正当的。

► 您对自己有义务，即通过表达自己的需求来尊重自己。

► 您的需求可能与他人的需求重合，因此您更有理由 (单独或与他人一起) 表达它们。

以下是一些小指南：

► 把您所有的需求列成一张清单 (例如，17:30以后不开会，因为您有家庭生活)。

► 去找您部门里一个真正关心您，而且您长期以来真正信任的同事。

► 向他讲述您的需求，并要求他给出反馈。然后，与他一起挑选出您的两个优先需求，以便和上司沟通。

► 为了好好准备这次会谈，书面写出您的要求并口头复述。

► 陈述过程中做到简明扼要，尤其要避免抱怨和指责。

▶ 说明满足您的需求对您所在部门的好处，并在您的话语中申明个人权利与对企业的贡献之间的平衡。

▶ 有效地论证：如果可能，以企业中已经考虑到您这些需求的另一个部门或一家分公司为例（永远不要以一家竞争企业为例）。

▶ 不要过于在意这次会面的结果。但要立即为自己设定一个期限，如果在此期限内您的意见没有被采纳，那么您应再次提出需求。

▶ 如果您的需求是集体的需求，那么请与其他同事一起去提。在这方面，团结就是力量！

与合伙人的关系

合伙人之间的关系往往很微妙，某些合伙人甚至感觉"如履薄冰"。事实上，即使在决策方面是平等的（官方说法），权力的分配方式也可能完全不同，尤其当每个人在财务天平上的分量不同的时候。此时可能会出现关系毒性，并伴随着不健康的权力争夺，合作各方会因此受到影响。从长期来看，诸如营业额之类的公司运营状况会因此受到消极的影响。

为了预防这种毒性，以下是几项建议，您可能需要根据实际情况进行调整：

不要把属于自己的位置让给别人

▶ 您是否总是在最后一刻收到重要会议的通知？

▶ 您是否很难让董事会听到您的意见？

▶ 您是否有时感觉自己是个透明人？

如果您回答"是"，那么您可能属于以下两种情况中的一种：要么您有轻微的悲观倾向，要么您的确已经因为自己不知道的原因而被"排挤"了。在这两种情况下，您心里要清楚自己是否决定重新赢得能力——不一定是权力。

因此，这里指的是变成所谓的"提案产生者"。因为在职场中，没有什么比证明自己就是那个在正确的时间、正确的位置上的正确的人更有用的了。

清楚地告诉他们并且具体地表现出您在创造性方面的能力：从人们意想不到的地方开始！

回顾您可能表现出色的领域

▶ 您负责的各个岗位之间的协作。

▶ 管理缺勤者。

▶ 团队管理模式。

▶ 减少人员流动。

▶ 内部沟通。

▶ 节省预算等。

在这张不完全的清单上，肯定有一个您特别擅长的领域。

然而要注意，您的提案准备不要耗时太多，而且不要妨碍与您的职务相关的现有任务。给自己规定一个足以准备好向董事会汇报的期限。

采取一种积极的态度来对待提案的内容和形式

▶ 避免批评您希望改进的方面，即使是建设性的批评也不行。

▶ 首先从创新和提高生产力的角度出发，优先研究针对"经营模式"的成本效率：只有这样您才能最大限度地让合伙人相信您的方法是合适的。

▶ 注意要把您的提案很好地融入公司所遵循的理念中。

现在您有了一些使自己变得不可或缺的好方法，从而使合伙人更加重视您。

变成一名"压力哨兵"

如果您感到一种关系毒性正在偷偷地渗入您与其他合伙人的关系中，请您相信，"永远只有自己才能更好地服务自己"。您可能是唯一意识到问题的人，而在这个问题侵占整个公司之前，您可以考虑扮演一个新的角色——"压力哨兵"。实际上，因为这个办法关系到整个组织，您的合伙人一定会觉得自己也不能独善其身。他们怎么敢拒绝一个关系到所有人利益的办法呢？

这里需要您时刻警惕那些压力征兆：

▶ 首先，您应适当了解应激机制和职业倦怠[1]。

职业倦怠（burnout）是一个英语词组，指一种真正的抑郁：一个人平均需要两年时间才能痊愈，这不只是一个人的悲剧，也是组织的一项财务成本。

▶ 其次，您应向合伙人解释导致职业倦怠的身心机制，以及它对公司结构的影响。

▶ 最后，在向您的合伙人详细地陈述了您成为所有同事身边的"哨兵"的必要性之后，您必须得到他们的许可。

一旦被授权，您应该：

▶ 十分用心地倾听同事们的意见，特别是他们反复抱

1　www.selfarmonia.com/prevenir-le-stress-de-facon-concertee-troubles-sommeil-troubles-anxiete.

怨的身体疾病。

▶ 详细记录他们行为中突然出现的变化。

您应该找到一个好办法和一个好时机与每个当事人沟通。重要的是，这场对话应该以保密的和善意的方式进行，使您的同事不会感觉到自己在被监视或被评判：

▶ 首先，谈谈您自己和您对工作环境的感受。

▶ 其次，请当事人谈谈他对这个问题的看法，用心倾听他的回答。

如果他一开始就向您透露了他所经历的困难，那么这意味着他已经意识到这一点。因此，您可以引导他找到应对这一情况的方法。相反，如果当事人逃避回答任何问题，这或许是因为他已经有负罪感，这是长期承受压力的结果。在这种情况下，请不要继续提问，而应该谈论其他话题来转移他的注意力，应尽可能地谈论他重视的话题。

在接下来的几周里，如果您观察到这些迹象仍然存在，甚至表现为一次或多次请病假的情况，您应提醒职业病医生给这位同事做匿名咨询。

成为预防压力的参与者，意味着创造一种为所有人服务的真正的"集体智慧"。由此，您与合伙人之间的关系毒性也会自动降低。而且，如果您仍需要与他们一起"重整旗鼓"，压力导致的财务成本也将会下降。这就是所谓的"一箭双雕"。

结论

始终保护和培养自尊

如今，除非隐居到一个荒无人烟的岛上，否则人们很难逃开一段有毒的关系。然而，当我们被迫经历这样一段关系时，保护自尊是非常重要的，这样我们才不会怀疑自己是否有能力理解和正确看待这段关系，从而经受住它的考验。在这个背景下，自尊是一种抵抗行为，甚至是有益于心理健康的行为。它是我们内心真正的支柱，使我们能够在暴风雨中屹立不倒。

我们需要经历三个阶段：

▶理解这段关系的真正意义——它为什么在我生命中的这个时刻出现，这是不可缺少的第一个阶段。

▶第二个阶段，重要的是不要使自己被这段关系同化，不要忘记我们周围还有其他更积极的人。

▶最后一个阶段，为了经受住这段关系的考验，我们应承担起自己的责任。这就需要我们做出一个或多个决定，然后将它们付诸实施，尽管实施的过程有时令人厌倦，会带来一段或长或短的悲伤。

"杀不死我的，终将使我更强大！"

尼采，《偶像的黄昏》
（Nietzsche, *Le Crépuscule des idoles*）

但是，在这条路的尽头，您将为自己走出这段关系并获得了成长而感到骄傲。

您最初可能会感到有点儿头晕眼花：这是在波涛汹涌的海域航行之后一种完全正常的感觉，一些无意识的消极冲动往往会喷涌到海面上。

您将会遭遇自己的阴暗面，正如荣格描述的那样。

实际上，您的确应该经历这种遭遇，以便展现您的"个性"——自己真实的样子。因为阴暗面是一个合作者，您应视它为内心转变的杠杆。接受它对提高您的能量水平有巨大的作用。

从长期看，这会对周围的人产生积极的影响：我们会更加包容地面对他人的弱点，而且我们看待周围人的目光也会突然与他人的目光交汇。

于是他人变成了他们真实的样子——人类兄弟。

参考书目

ANDRÉ Christophe, *Méditer, jour après jour : 25 leçons pour vivre en pleine conscience,* L'Iconoclaste, 2011.

BADINTER Élisabeth, *le Conflit : la femme et la mère,* Le Livre de Poche, 2011.

BALINT Michael, *les Voies de la régression,* Payot, coll. « Petite Bibliothèque Payot » 2000.

BASSET Lytta, *Faire face à la perversion,* Albin Michel, 2019.

BERNE Éric, *Des jeux et des hommes. Psychologie des relations humaines,* Stock, 1975.

BUBER Martin, *Je et Tu,* préface de Gaston Bachelard, Aubier, coll. « Bibliothèque philosophique », 1992.

BRÉCARD France, HAWKES Laurie, *Le Grand Livre de l'analyse transactionnelle,* Eyrolles, 2014.

COMTE-SPONVILLE André, *L' Amour la solitude,* éd. Paroles d'aube, 1992.

CORNEAU Guy, *Père manquant, fils manqué. Que sont les hommes devenus?,* Les Éditions de l'Homme, 1988.

FOURCADE Jean-Michel, *Les Patients-limites. Psychanalyse intégrative et psychothérapie,* Érès, 2010.

FREUD Sigmund, *Pour introduire le narcissisme,* Payot, coll. « Petite Bibliothèque Payot », 2012.

GUILLERAULT Gérard, *Dolto/Winnicott : Le bébé dans la psychanalyse,* Gallimard, 2007.

JUNG Carl Gustav, *la Guérison par l'esprit,* Genève, Librairie de l'Université, Georg et Cie, 1953.

KAUFMANN Jean-Claude, *La Femme seule et le Prince charmant,* Pocket, 2001.

MARC Edmond, *Guide pratique des psychothérapies,* Retz, 2013.

MARQUES Cristina, *Confidences d'une ancienne dépendante affective,* préface d'Alice Machado, Éditions Lanore, 2015.

MARTEL Jacques, *Le Grand Dictionnaire des malaises et des maladies,* éd. Quintessence, coll. « Ressources et Santé », 2007.

MONTAIGNE Michel de, « Lettres », *in Œuvres complètes,* M. Rat et A. Thibaudet(éd), Gallimard, coll. « Bibliothèque de la Pléiade », 1963.

NAZARE-AGA Isabelle, *Les Manipulateurs et l'Amour,* Les Éditions de l'Homme, 2000.

NEUBURGER Robert, *Les Paroles perverses, les reconnaître,* s'en défaire, Payotpsy, 2016.

NORWOOD Robin, *Ces femmes qui aiment trop. Rradioscopie des amours excessives*, préface de Josette Ghedin-Stanké, Les Éditions de l'Homme, 1998.

PASCAL Blaise, *Pensées*, M. Le Guern(éd), Gallimard, coll. « Folio classique », 2004.

RACAMIER Paul-Claude, *Les Perversions narcissiques*, Payot, 2012.

SALOMON Paule, *La Sainte Folie du couple*, Le Livre de Poche, 2001.

SCHUT Jeanne, *Et s'il suffisait d'être présent… Les enseignements d'Ayya Khema*, Éditions. Sully, 2015.

TOMASELLA Saverio, HUBERT Barbara Ann, *L'Emprise affective. Sortir de la prison*, Eyrolles, 2014.

WINNICOTT Donald, *La Mère suffisamment bonne*, Payot, coll. « Petite Bibliothèque Payot », 2006.

图书在版编目（CIP）数据

识别和掌握有毒关系 /（法）海伦·莫内著；祝华译 . —上海：上海三联书店，2023.4
ISBN 978-7-5426-7908-6

Ⅰ. ①识… Ⅱ . ①海… ②祝… Ⅲ . ①人际关系 – 通俗读物 Ⅳ . ① C912.11-49

中国版本图书馆 CIP 数据核字 (2022) 第 203781 号

Identifier et maîtriser les relations toxiques by Helen Monnet
© Larousse 2021
Simplified Chinese edition arranged through DAKAI - L'Agence
著作权合同登记　图字：09-2022-0620

识别和掌握有毒关系

著　　者　[法]海伦·莫内
译　　者　祝　华
总 策 划　李　娟
执行策划　王思杰
责任编辑　杜　鹃
营销编辑　张　妍
装帧设计　潘振宇
监　　制　姚　军
责任校对　王凌霄

出版发行　上海三联书店
　　　　　　（200030）中国上海市漕溪北路331号A座6楼
邮　　箱　sdxsanlian@sina.com
邮购电话　021-22895540
印　　刷　北京盛通印刷股份有限公司

版　　次　2023年4月第1版
印　　次　2023年4月第1次印刷
开　　本　787mm×1092mm　1/32
字　　数　97千字
印　　张　5.75
书　　号　ISBN 978-7-5426-7908-6/C·626
定　　价　49.00元

敬启读者，如发现本书有印装质量问题，请与印刷厂联系15901363985

人啊，认识你自己！